愛さなくてはいけないふたつのこと

不能不去愛的兩件事

MATSUURA YATARO
松浦彌太郎

張富玲 譯

不能不去愛的兩件事。代序

有一天，我突然思考到一件事。

在每天的生活和工作中，究竟是什麼東西在推動我們？我們是被什麼樣的力量所策動呢？就在某個時刻，我突然發覺，說不定那是……

說不定那是一種人類全體共通的情感、潛藏在我們內心深處的某種意念——因為我們總是在畏懼著什麼。我們人類雖然貌似強悍，但其實每個人都是脆弱的生物。不管面對他人時再怎麼強勢，面對自己時卻很怯弱，這就是人。然而，要面對自己的脆弱，接受自己的弱點，是一件很不容易的事。光是要察覺自己的弱點，或許就是一件難事，因為每個人都想把自己的弱點隱藏起來，大家都不願承認自己的弱點。

話說回來，我們究竟是在害怕什麼呢？我認為那便是「恐懼」和「寂寞」。

生活中，我們經常在畏懼這兩件事。但是會感到恐懼的並不是只有你一個人，這是身而為人的宿命，或者可以說，這是人活著的證據，每個人身上都背負著這兩種情緒。而且，就是這兩種情緒在策動著我們的生活和工作。

舉例來說，我們認真工作。工作的動機可能是為了貢獻社會，可能是提升自己，或希望獲得經濟上的安定，但比起這些動機，最根本的理由其實是我們害怕貧窮，害怕被別人比下去，害怕被社會給排擠等各式各樣的「恐懼」。

我們總是想買新衣服，想把自己打扮得體面一點，希望自己保持纖瘦苗條，這些都是出自我們不想被別人看扁的「恐懼」。

我們會為了非常時期而屯積物品，會為了讓自己能夠更健康，買進有助益的藥品或食品。而這類行為的動機，恐怕也是源自想像自己「萬一發生不好的事」的「恐懼」。舉個例子，不誇張地說，我在想戰爭之所以會發生，或許……也是「恐懼」在作祟吧。在你「想這麼做」的念頭背後，也同時存在著「如果無法如願該怎麼辦」的「恐懼」。請大家試想一下自己在日常生活中的行動。你一定會發現，有很多情況都是「恐懼」的力量在驅使著自己。萬一發生那種事就太可怕了……類似這樣的「恐懼」。

另一個力量則是「寂寞」。譬如，推特和部落格便是最典型的例子。你之所以時時想與某人保持連繫，便是因為你想要忘卻「寂寞」。戀愛、結婚、交友、加入小團體、找人聊天、寫信；或是藉由什麼事來表現自己、主動發布消息……這些行動其實全都是源自於你心中的「寂寞」。

特別是在人際關係的事情上，「恐懼」和「寂寞」這兩種感覺或許便是所有行動和思想背後的動機吧。遺憾的是，就連日常生活中的大小犯罪，很可能也是因為這兩種恐嚇人們的情緒在作祟。

我想或許有人會覺得不以為然。但就如同我先前提過的，人是脆弱的，我們都不樂見任何失去。

重要的是，我們得去接受「自己並不強大，自己很脆弱」的事實，並且了解到想自「恐懼」和「寂寞」逃開是不可能的事。你愈想逃，這兩種情緒愈容易緊緊跟隨你。「恐懼」和「寂寞」只會更加地困擾你。

那麼，在每天的生活中，我們又該如何面對這兩種威嚇自己的情緒——「恐懼」和「寂寞」呢？請放心吧，這並不是太難。首先，你絕不能逃避，要坦然接受。你得去承認那些潛藏在自己心中的「恐懼」和「寂寞」。更進一步地說，你只要和這兩種感覺當朋友就行了，就把它們想作是理所當然會出現的情緒吧。

本書的內容都是能夠幫助你與「恐懼」和「寂寞」交朋友的一些思考方向與想法，以及一些與它們和平共處的方法。這些小祕訣可以幫助你認知到，如果你想活出自己的本色，你就得像朋友一樣去愛這兩種感覺。如果能和「恐懼」和「寂寞」建立比較良好的關係，你的心便能時時保持平靜。漸漸地，你不會再苛責自己，也能夠寬恕他人，這想必會成為你邁向幸福的一小步。

請秉持誠實的態度去面對自己心中那些盡可能不想承認，不想去面對，只想矇蔽過去……乍看之下傾向負面的「恐懼」和「寂寞」吧。你可以藉此知道自己的弱點，也能因此原諒自己。這麼一來，你緊繃的身體便能放鬆下來，你一定會變得輕鬆許多。然後，好好地珍愛這兩種感覺吧。因為你愈愛它們，「恐懼」和「寂寞」愈能成為足以守護你的強大力量。

為了幫助讀者更容易閱讀，在本書中將會把「恐懼」一詞以「不安」來替代。這點還請各位理解。

二〇一一年十二月

松浦彌太郎

本書的使用方法

這本書是為了那些心中懷抱著「不安」與「寂寞」的朋友所寫的。

我希望自己有直視心中的「不安」與「寂寞」的勇氣，並且具有去擁抱它們，珍愛它們的堅強，我一面這麼期許自己，寫下這本書。

在你覺得萬念俱灰、走投無路的日子，不要往外頭的世界走，我希望各位能把這本書當作工具，轉而凝視你自己的內心。

在每篇文章的最後，會以插畫的形式來呈現那篇文章想傳達的重點。每一則都是簡單又實用的練習，請各位放鬆心情，務必挑戰看看。此外，在每一章的最後，我也會提供一些可供實踐的課題，當作是該章的總結。雖然和每篇文章後面的練習比起來，難度較高，但相對地，效果也更強大。

希望各位讀者能把這本書當作是人生的醫藥箱，擺在身邊，使用它，如果能對各位有所助益，沒有比這更令我高興的事了。

目錄

Contents

第一章 去凝視那「兩件事」

第二章

去接受那「兩件事」

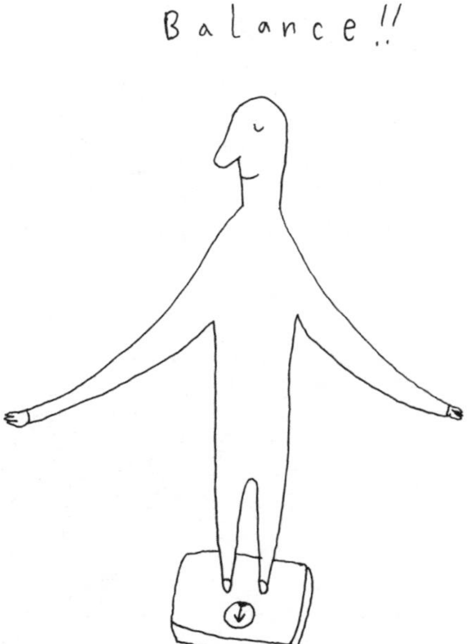

第三章

去原諒那「兩件事」

第四章

去愛那「兩件事」

第一章

去凝視那「兩件事」

給對將來感到不安的你

去旅行的時候，有些人的行李總是多得驚人。

儘管為了雨天準備折傘，為了應付連傘都撐不住的暴風雨準備雨衣，還帶了好走的鞋子，和上館子時要穿的皮鞋，但倘若碰到傾盆大雨的日子，恐怕還需要一雙長靴吧？

隨著想像無窮無盡地擴大，結果行李也愈帶愈多。

但那些想像大都不是什麼歡樂的情節。

「要是碰上這種情況，很不方便啊。」

「要是發生這種事，實在討厭啊。」

他們大都是在想像自己並不樂見的未來。

如果是去旅行，不管是去國外或國內，頂多就是在旅行期間提著沉重的行李；但如果走的是人生的旅程，那問題可就嚴重了。

心靈的行李沒有形體，包包並不會因此變重。但相反地，心靈的行李會逐日增重，漸漸重壓在自己身上。

「如果遇到這種情況，我該如何是好？」

對未來的不安是個棘手的問題，情況不僅會加速惡化，也沒有附上煞車。

而且和旅行的行李不同，無法採取簡單直截的對策，不像「我擔心可能下雨，得準備雨傘和長靴」這種程度的問題。

但這也是理所當然的，畢竟未來可比去國外旅行規模更弘大，可能發生的狀況更是五花八門。

如果放任不管，心中的不安會漸漸膨脹，一旦萌生「我已經走投無路，一籌莫展」的念頭，人很可能就會一屁股坐在地上，動彈不得了。

人生的旅途無法打包周全，不能保證「確實、安全、萬事具備」，因此有些時候，人甚至可能會想放棄旅行。

換句話說，如果你一味想著「如果遇到這種情況，該如何是好」，任由不安繼續膨脹下去，你很可能會落得一個人枯坐原地的下場。

一旦你這麼做，寂寞便會宛如迷霧般升起，使你陷入益發看不見前方道路的窘境。

我覺得那些受困於「對將來的不安和寂寞」的人，對未來往往有想太多的毛病。

「我這麼做，明天不會有問題吧？」

「如果再這樣下去，明年該不會搞砸吧？」

「我的將來會何去何從呢？」

如果你也有同樣的困擾，我有一個建議，你何不試著換一種思考方向呢？

那就是——只去看那些此時此刻在眼前發生的事，只處理眼前的問題。

不是把焦點放在明天或後天，也不是明年或十年後，而是把精神集中在「現在」這一刻。

假使，你已經預測到未來「可能會發生那樣的情況」，在事情實際發生前，何不把那些預想都忘掉吧。

只要以這種態度訂下基本的思考方向，我想「不安的未來」也將會離你愈來愈遠。

事實上，那些無法拋開「對將來的不安和寂寞」的人，往往是因為不想去面對「此時此刻在眼前發生的問題」，因此選擇了逃避。

就和那些想從眼前的作業逃開的小孩子一樣，因為不想寫暑假作業，開始在想：「現在念的這些功課長大以後對我會有幫助嗎？有什麼意義呢？」

我的意思並不是那些無法拋開「對將來的不安和寂寞」的人像小孩一般愚蠢。而是我們之間大部分的人都會產生想從「此時此刻在眼前發生的問題」逃開的念頭，因為人類本來就是種軟弱的生物。

「幹這行沒有前途，我明年還是去考張證照吧？」

「和這個人交往我看不見未來，我再去找其他對象吧？」

像這類「對將來的不安和寂寞」，想必曾經掠過每一個人的心頭。

把注意力放在「現在」，不去逃避。一旦決心這麼做，你就會知道自己該做什麼事。

按照順序，一件一件地用心去搞定眼前發生的問題。這才是你該做的事。光是這麼做，你心中的不安便不再任意膨脹，只因你採取了具體的行動。

又，當你察覺未來可能會發生麻煩的問題，光是察覺到這一點，就算你什麼都沒做，你的大腦也會開始在無意識中採取對策。雖然乍看之下「搞定現在」和解決未來的問題並無關係，但在處理未來的難題時，我想對你當下的行動也一定會有所幫助。

不要從眼前的問題逃開，不試圖蒙混、轉移焦點，只要你具備了這種堅強，你對未來的不安和寂寞想必也會煙消雲散。

只專注於「此時此刻在眼前發生的問題」吧。

給沒有自信的你

想知道自己的長相，最好的作法明明是仔細盯著鏡子看，但你是否經常會選擇拿其他人的臉來和自己比較？那個人的睫毛比較長，眼睛又大又亮，嘴唇紅潤飽滿，鼻梁又挺又高，皮膚滑滑嫩嫩。

「和對方比起來，我實是在……」

如果採取這種作法，你只會知道「和那個人相比之下的自己」，看不見自己真實的模樣。

搞不好其實你們的睫毛長度相當，但因為你一直盯著別人的睫毛看，以致沒有發現這件事。明亮的眼睛和飽滿的紅唇並不是絕對價值，但因為你關上了自己的心門，以致認不清這一點。就算對方鼻梁高挺，肌膚滑嫩，但你有一頭美麗的秀髮，只因你一直看著其他的地方，所以漏看了自己的光采。

如果想知道自己的能力，最好的作法明明是自己努力去嘗試，但你是否經常會選擇拿別人來和自己比較呢？那個人工作能幹，點子很多，大家都喜歡他。他的人脈很廣，運氣很好，做事又懂得要領。

「和他比起來，我實在是……」

如果採取這種作法，你便無法專心在自己的工作上頭。如果你因為在意「那個人」而做事心不在焉，自然不會有什麼好表現。如果你把同樣的精力用來思考，或許你也能想出許多新點子，但你卻不去付出那樣的努力。

「大家都喜歡他，真是羨慕啊。」但沒有人會想和嫉妒別人的人來往，因此是你自己破壞了人脈。

再說，那些看在旁人眼裡「運氣很好，做事懂得要領」的人，往往不會讓別人看見自己拚死努力的模樣。

那些心中揣著「被別人比下去的不安與寂寞」心結的人，總是在要求自己身上沒有的東西。換個角度想，他們可說是一群很任性的人。

為什麼？因為無論是外在或內在，我們每個人擁有的特質都不盡相同。別人有的東西，你或許沒有，但你擁有的東西，別人也沒有。

想要別人碗裡的東西，是人類的習性，「和大家一樣」便能感到安心的心理，誰都感受過。如果別人有玩具，自己也想要玩具；因為大家都穿那種衣服，所以自己也要穿；為了不輸給對方，自己也要念相同程度的學校。等到長大成人，有人便開始會想：「因為朋友買了房子，我也要買。」

可是，你無法事事都「和大家一樣」。就算你得到了和你羨慕的那個人一模一樣的臉蛋，但不久你又會開始想要「另一個人」的臉。

「別人擁有的東西，我永遠得不到。」

只要你接受這件事實，你便會開始看見自己擁有的寶物。

請試著把你自己的特質，想成是「神明賜予的水果」。規則是神明只會給你一種水果，只有你能把那種水果拿在手上。

你被分配到的是蘋果。你的蘋果很結實，紅得發亮，一口咬下去，果汁四溢，是種非常美好的水果，還散發出清新的香氣。但你卻可能羨慕別人：「我只有一顆蘋果，那個人手上的果實卻有那麼多。」

確實，你的朋友手上握有許多果實。但對方手中握著的是為數眾多的覆盆子，一顆果實就只有指尖大小。雖然覆盆子質地柔軟，宛如紅寶石般迷人，吃進嘴裡酸酸甜甜，是一種很美好的水果，但你的朋友心裡或許會想，「我只有小小的覆盆子，那人拿到的卻是碩大的蘋果，我真羨慕啊」。

神明的規則是希望你能珍惜地品嘗自己被分派到的水果，但如果你抱著「好想吃覆盆子」的心情咬下蘋果，你就品嘗不到蘋果難得的美味。如果你抱著「真想要蘋果」的念頭，一把緊握手中的覆盆子，柔軟的果實可能就被你給捏爛了。

別人和自己明明不可能完全相同，你卻為了自己沒有的東西而煩惱，這只是讓自己白白受苦罷了。神明賜給你的果實和祂賜給別人的果實是絕對無法替換的，因此細細品嘗屬於自己的果實，才是最好的作法。

「我不能像他那樣，我沒救了……」

我認為像這樣的煩惱是在浪費人生。

多放一點關注在自己身上吧。不要和別人比較，專注在自己身上，找出你擁有的特質吧。當你在自己身上看出價值，你才會知道自己的優點。

而且美好的事還不只這一件。

當你發現自己手上蘋果的價值，你便會萌生「蘋果如此美味，真想讓別人也嘗一嘗」的想法。神明賜予的水果雖然不能與人交換，但是卻可以分享給別人。

擁有蘋果的人察覺到蘋果的美好，將蘋果分享給其他人；擁有覆盆子的人察覺到覆盆子的美好，將覆盆子分享給其他人。我覺得這樣的世界，要比大家都拿著相同水果的世界豐富多了。

去思考自己的優點是什麼，
並且好好珍惜。
試著去想一想，
你的優點是否能幫上誰的忙呢？

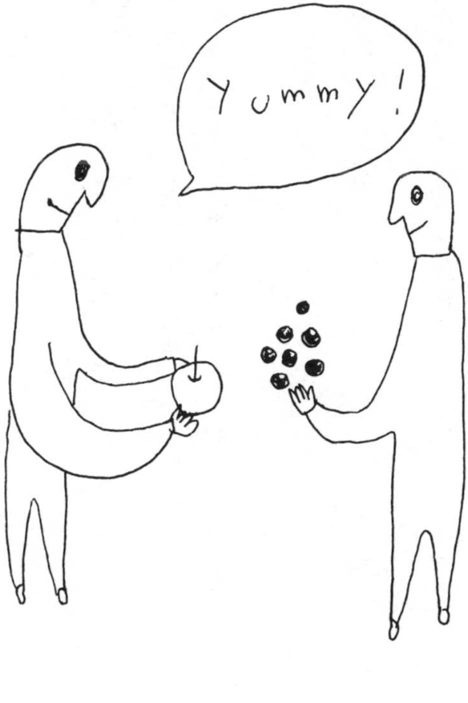

給需要別人肯定的你

「我都這麼努力了，卻還是不受到肯定。」

你的心中是否也懷抱著「不被別人肯定的不安和寂寞」呢？

就算付出努力也得不到評價。我在做的事，根本就沒有人在意。我的能力並沒有受到肯定。

這些是經常在各個職場上聽見的煩惱。

如果你也覺得自己沒有受到肯定，請你先想一想，「你究竟想要別人肯定自己的什麼地方呢？」

「希望大家肯定我」，這句話在工作的世界是禁忌。

希望別人肯定你這個人，和希望在工作上受到肯定，這是兩碼子事。

如果你希望別人認同你的工作表現，你必須先做出實績。儘管嚴苛，但這就是工作的遊戲規則。

「雖然我還沒有做出成績，但我在別人看不見的地方一直付出努力。我抱著這樣的想法，一直在加油。」

如果有下屬對我說這樣的話，我的回答一律都是：

「你在別人看不見的地方努力，是一件很棒的事，這點我肯定你，但我無法把這點當作對你在工作上的評價。」

如果有下屬不滿我的回答，我大概會這麼回應：

「你是希望我認可你這個人嗎？肯定你在別人看不見的地方努力，算是對你這個人的評價對吧？可是，你在進這家公司工作的同時，就代表你已經受到了認可啊。」

公司不會僱用他們不認可的員工。公司一定是認為有付薪水給你的價值，才會聘請你。

「如果公司不肯定我，我現在就不會出現在這裡。」

只要你這麼想，你心中「不被別人肯定的不安和寂寞」想必就能得到安撫。

在工作場合，不要期待別人肯定你的人品。不管你是男性或女性，最好都將這一點謹記在心。

因為是否會受到賞識的基準，會依每家公司的情況而異。

在某些公司，對清楚表明自己意見、數字能力強的人評價較高；但在另一些公司，他們可能比較賞識做事細心、具協調能力的員工。根據各公司、各部門主管的不同，評價的基準也會改變。如果你把自己的價值交由公司判定，只會平添你心中的不安和寂寞。

在工作場合以外也是一樣，在看待別人對你的評價之前，有些事你最好先知道。

在接受他人評價的時候，不可能會有「百分之百受到肯定」的情況。評價一定有「圈」也有「叉」。「那個人的這一點很優秀，但在那些事上頭就有點……」，這樣的情況才是理所當然的結果。

假使在一百個人裡頭，有五十個人像你的粉絲般無條件地肯定你，那剩下的五十個人很可能就完全不認同你。我認為這才合乎人世間的均衡。

至於處在「不被別人肯定的不安和寂寞」的延長線上的，則是「無法升遷的不安和寂寞」。在現在的時代，女性也要像男性一樣工作，因此不問男女，許多人都對升遷有所期待。這樣的期待並不是壞事。

以下純粹是我主觀的意見。我認為，如果你選擇進入公司工作，成為上班族，那你應該把成為那家公司的社長當作自己的夢想。如果你喜歡那間公司，想為那間公司賣命，你以高層的職位為目標自然再合理不過。

雖然有些人是想靠升遷賺錢，想藉此獲得權力，取得社會地位和信用，我也並不認為他們有錯。因為確實有人把這些事當作目標，把金錢和權力當作自己的動力。

重要的是，那是不是你自己心中所期待的升遷？

你是否拿自己和別人比較，心想「我想爬到那個人上頭」、「我想比一般人更有權有勢」，你是否只是想與人競爭呢？

我年輕的時候也曾拿同年紀的人和自己比較，心想「那個人的表現比我活躍，事業成功」。

但這種想法便是一種競爭，是踹落對方為自己謀利的行為。不是憑自己的力量爬上自己想登上的山頭，而是踩著別人的頭來到高處，我覺得這是一種不正確的作法。

當你感受到「不被別人肯定的不安和寂寞」時，不妨切換一下你腦中的開關吧。不要把焦點放在別人身上，請轉而注視自己，自問：

「我是否有賞識的人呢？」

如果在我的下屬之中，有人抱著「希望大家更肯定我」的期待，我會問他們：

「在你的同事之中，是否有你賞識的人呢？」

我想那些人恐怕會窮於回答吧。

無法喜歡自己的人，同樣也無法喜歡別人。無論是在公司或私人的小團體，那些受到大家肯定的人，往往也對很多人予以肯定。

我有幾個很尊敬的人，他們無論是在人品或工作成績上都受到高度評價，儘管那些人那麼厲害，他們依然經常仔細觀察別人，稱讚他人的優點，肯定其他人的表現。

「這個人的這一點很優秀。」

「那個人雖然不起眼，但是他曾經成功完成那件事。」

看著他們，我深深了解到：如果自己肯定別人，別人也會肯定你。這關係到別人對你的評價。

請先問一問自己這個問題，如果你無法立刻說出幾個自己賞識的人的名字，就先從肯定別人開始做起吧。

「我們公司裡沒有值得我尊敬的人。」

「那個人成就了得，但他只不過是運氣好罷了。」

如果你總是像這樣嫌棄周圍的人，看輕別人，你的態度會使自己變成一個別人無法肯定的人。中傷別人的行為，是對自己沒有自信的證據。這也就是說，就連你本人都不肯定你自己。

此外，如果你認為「肯定自己的人是同伴，否定自己的人就是敵人」，你就該毅然決然拋開這種想法。

因為就如同前文所述，別人對你的評價不會是一面倒的非黑即白。

心中感受到「無法升遷的不安和寂寞」的人，不妨也切換一下腦中的開關，自問：

「我能為這家公司做什麼呢？」

如果你期待升遷，希望拿到高薪、獲得地位，首先，你得先為公司帶來益處，做出貢獻。

要做到公司上下都眾口同聲地說，「你為公司帶來這麼多貢獻，希望由你來當社長」的地步。

如果你只是抱著「我很努力，我比別人多付出三倍」的心態，這並不能為別人帶來益處，只是你個人的問題。請優先為別人付出吧。

總而言之，勤勉、守紀律的生活，做好自己眼前的工作，建立你的人際關係，便是治癒「不被別人肯定的不安和寂寞」最好的良藥。

你是否有賞識的人呢？
請試著列出那些人的名字吧。

給想要朋友的你

「如果你想要夥伴，就去製造一個敵人。」

當我一個人獨立工作時，我父親這麼對我說。

他雖然沒有仔細說明，但我把他的話解釋為「要清楚表明自己的意見」。雖然沒有必要主動去製造敵人，但不可以因為害怕製造敵人而擺出曖昧的態度。

對於那些心中揣著「沒有朋友的不安和寂寞」的人，我想送給他們同一句話：

「如果你想要夥伴，就去製造一個敵人。」

當然，你也得遵守禮節、社交規矩，將心比心。但只要做到這幾點了，你就無須去理會別人的看法，儘管坦率地表現自己。

如果有機會和某人自由對話，我們總習慣在對方身上找尋「和自己相同的地方」。

「你喜歡那部電影嗎？我也是呢。」

「假日就該出門，我也經常四處走走。」

「讓身體動一動，感覺很舒服對不對？」

不管是否有把自己的意見說出來，在對話的過程中，每個人都會在心中不時對對方的發言高舉「贊成」或「反對」的小旗子。雖然為彼此舉起贊成的小旗子，是交朋友的過程中不可或缺的要素，但是如果過程中雙方都沒有表明自己的意見——「我經常做〇〇」、「我喜歡〇〇」，友誼便無法成立。

聽到有人說喜歡看電影，便附合地說「我也是」。就算實際上並不喜歡，也不會有所表示，只是曖昧地笑著說「是嗎？原來你喜歡看電影啊」。相反地，自己絕不主動表明態度，不告訴對方自己「喜歡〇〇，不喜歡〇〇」。

你是否也會擺出這樣的態度呢？

雖然你對任何人都表示肯定，笑顏以待，但其實你並沒有敞開心房，自然你會交不到朋友。

你可能會被當成「八面玲瓏的人」，或是「不知道葫蘆裡在賣什麼藥的人」，以致朋友自然而然開始疏遠你。

你不必過度害怕表明自己的意見。畢竟光是從「過紅綠燈」這件事便能看出每個人的性格，有人會想「燈號已經在閃了，我才不想跑著過馬路」，但也有人認為「腳步快一點，動作麻利一點比較痛快」。只要你一息尚存，就算你一句話都不說，也會有百分之幾的人對你做出「討厭」的評價。所以，千萬不可以為了減少討厭自己的人，因此失去更多會對你說「喜歡」的人。

「如果說出這種話，搞不好會被討厭。」

你愈是害怕與眾不同、擔心被排擠，你便愈是不容易交到朋友。被討厭或被喜歡就像一枚硬幣的正反面，正因有人討厭你，所以有人喜歡你；有人喜歡你，所以有人討厭你。我認為大家最好先知曉這個處世準則。

我試過分析自己的情況，覺得自己的經驗恰好也符合這個準則。

我寫文章、經營書店，有人會對我說「你真棒，我喜歡」，但也有人會說「我最討厭那個松浦，我瞧不起他」。這些都是理所當然的反應。

假使我身邊全是讚揚自己的人，反倒會令我毛骨悚然。我會開始害怕，覺得自己正在做的事沒有任何人在意，自己的意念完全沒有傳達到其他人心裡。

誠實表明自己的意見，又和嚷著「我討厭那種事，不喜歡這種事」，把自己的好惡和癖好強加在別人身上不同。**如果你很想要朋友，為了讓對方理解你的價值觀，說出真心話是件很重要的事。**

「我很珍惜這樣的事。」

「我想把自己的時間用在這樣的事情上。」

我在前面提過，人是由共通點來連繫彼此，但共通點也有許多層面。在童年的時候，朋友可能是靠「家住得近」這個共通點，或是以「在同一個班上」這個共通點來連接，但如果是成人的友誼，我希望自己是以心靈層面的共通點來維繫關係。

我曾聽說有一些女性會因為「有沒有孩子」或「有沒有工作」等共通點來締結友誼，但我很懷疑那樣的關係真的算得上是朋友嗎？

物理上的條件或生活環境會隨著時間改變。而且，我覺得那樣的關係是種鬆散的連結，只要發生一點小糾紛就可能崩解。搞不好意見一旦出現對立，局勢便會像黑白棋一樣瞬間翻盤，讓對方從夥伴變成敵人。

相反地，如果是在彼此的價值觀找到共通點的朋友，就算碰到意見相左的情況，也能就事件展開議論，「你說得不對」、「這次錯的人是你」，並且一同成長，「噢，我懂你為什麼會有這種想法」、「謝謝你教會我這件事」。做不到這一點的朋友，或許根本就算不上是朋友。

現在是社交網路盛行的時代，但正因如此，我更加覺得交朋友應該要走出家門。不是使用電子郵件，不是透過電話，而是直接與人見面，面帶笑容打招呼，注視著彼此的眼睛說話。直接與對方見面，才是交朋友的大原則。

交朋友的力量，也是一種生存的力量。

不畏不懼，去製造你的敵人吧。秉持誠實的勇氣，去找到你的夥伴吧。

與人見面的時候，
試著把自己喜歡的東西和討厭的事物告訴對方吧。
你也可以主動詢問對方：「這事情你是怎麼看？」

給戒不掉快樂的你

開心的事情很可怕。令自己舒服的事情很可怕。

愈是令自己開心的事情，愈是令自己舒服的事情，同時也伴隨著相應的可怕。

或許有人會覺得「快樂」這兩個字用得太誇張，但是自己做了開心的事，做起來舒服的事，我想全都可以稱作快樂。那些讓你忘記自身處境、全心投入的休閒活動，令你興奮痛快、難以釋手的嗜好品，我認為全都是為了快樂而存在。

賭博、毒品、酒精或香菸，全都是屬於這種範疇，但有些快樂更貼近你我的生活。

睡覺。玩樂。吃東西。

購物。電腦或手機。與性相關的活動。

電玩或漫畫。電視，又或者是書本。

可以讓我們逃避現實的「工具」不勝枚舉。

人類是軟弱的生物，容易往輕鬆的方向走，我有時也會忍不住去追求快樂。不管是誰，都會為自己的生活添加一些快樂的事；有些時候，甚至會碰到一些不暫時逃避現實就走不下去的困境。

但倘若你放任自己的快樂巨大化，被快樂支配，事情就會出問題。**當用來排遣寂寞、應是淺嘗而止的快樂，變成你時時不可或缺的存在時，情況便危險了**。

自己明知這麼做不行，自己也感到可怕，身體卻已經動彈不得。

「別再做了，我想停手了。」

儘管心裡這麼明白，但就像呼吸、喝水一樣，腦子想停，身體卻停不下來。

「如果失去這快樂，我該怎麼辦？」

有時候，人也會被這類不安和寂寞給侵擾。

如果以為這種情況只會發生在賭徒或吸毒者身上，你或許會覺得事不關己，但那些手機不離身、不經常檢查電子郵件就會惶惶不安的人，其實同樣也是被快樂給支配了。

你以為自己在享受快樂，但其實你是被支配了。這種情況就像是你以為自己是在疼愛一隻小貓咪，但小貓咪卻在不知不覺間長成可怕的老虎，等你回過神來，才發現自己差點就被吃了。

疼愛小貓的人，是自己。

給了過多的飼料、把小貓咪養成大老虎的人，也是自己。

小貓並不是想變大就變大，自己長成老虎的。是你自己把小貓給養成了老虎。

為了不被快樂給支配，你得明確地知道自己追求這項快樂的理由。

什麼是你的痛苦？

是什麼令你感到空虛？

你為什麼會悲傷？

你心中無法填滿的感覺，是從何而生？

要知道理由，你就必須面對自己。不是從書裡尋求解答，也不是去向他人請益，而是要去好好地正視自己的內在。

只要你這麼做，你便能自「再來一點、再來一點」這種過度追求快樂的狀態中解放。你會以「愉悅」的心情面對快樂，抱著想說「謝謝」的感恩的心；只需要一點點的快樂便能夠滿足你，讓你覺得「已經夠了，我很心滿意足」。

如此一來，巨大的老虎又會變回蜷曲在你腳邊的小貓咪，你又能繼續好好地疼愛牠。

面對自己是一件看似簡單，但意外艱難的事情。

如果你對冥想法有些了解，你可以試著冥想。或者你也可以面對一堵白牆，這也不失為一個作法。

凝視自己的手心，則是我自己嘗試過後覺得效果不錯的方法。

手心最貼近自己的內在。每天至少空出一段獨處的時間仔細凝視自己的手心吧。如果可能的話，時間最好是一小時。

剛開始你或許會覺得一頭霧水。要你什麼事都不做，一直盯著自己的手心，甚至可能像是一種折磨。你只能發呆等待一小時過去。

但遲早有一天，你將會從手心看見自己的心。

痛苦、空虛、悲傷、無法被填滿的感受……

然後，不可思議的，你會感到安心。因為你知道，「我只要改正這一點就行了」。就像當你因為腹部一帶隱隱作痛而去就醫，一路上心中忐忑不安，但是經過醫生診斷，知道原因是「輕微的胃炎」後，你便會放下心來。

你也會自然了解到一個道理——痛苦時需要的是藥品和休息，而快樂是精神好的時候才能享受的事情。

只要不對快樂產生依存，「失去快樂的不安和寂寞」也會漸漸遠離你。

請仔細凝視自己的手心。
說不定，你能因此發現自己的問題。

本章總結課題

自己軟弱的地方和堅強的地方，自己懷中揣著的不安與寂寞的真實身分。

如果你想知道答案，你就得去面對自己。

「我自己的事，我再清楚不過了」，但這往往只是人的自以為是。

我們每天的生活充滿了外來的刺激和他人的影響，很少有時間能夠靜靜地沉浸在自己的世界。

但只要你花時間面對自己的心，每一次你都會有新發現。

我給各位的建議是——一個人去旅行。

旅行很容易便能達成，你也能因此了解到自己軟弱的地方、堅強的地方、擅長的事情，以及不拿手的事。

如果是一個人的旅行，效果更是明顯。

一個人去旅行吧。

目的地選在自己陌生的城市、語言不通的國度是最理想的。

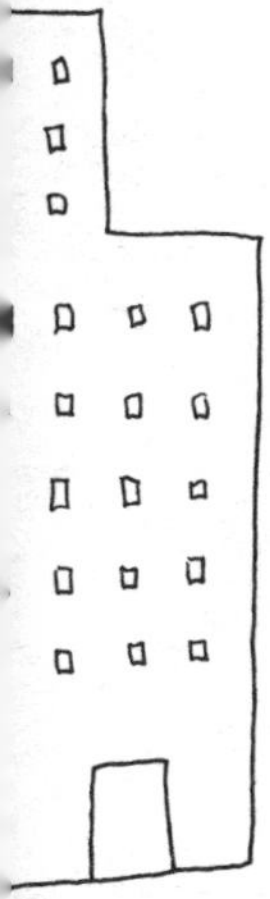

第二章

去接受那「兩件事」

給害怕失敗的你

因為害怕失敗，所以裹足不前。在開始一件事之前，總是忍不住進行「事情發展不順利時的模擬想像」。

如果遇到這種情況，我首先會想一件事。

「如果不做這件事，情況會如何發展？」

不管是要開始一個新的工作，或是日常生活、人際關係的問題，每當我遲遲無法踏出第一步，我總會問自己這個問題。如果想思考得更深入，我會自問：

「不做這件事的不利點是什麼？」

而我的答案很少會是「做與不做都一樣」。

「啊，如果不做，事情就會變得很麻煩。」

「不做這件事，就無法善盡我的工作職責。」

「不做這件事，我就會失信於人。」

大抵的情況是，只要想到愈多「不做這件事的不利點」，心中便會漸漸湧現「好吧，那我就幹吧！」的心情。

要是事情進行以後，心中「對失敗的不安和寂寞」依然無法完全消去，像這種時候，我會去回想某兩本書教會我的事。

第一本書是辰巳芳子小姐的《庭園時間》（文化出版局）。

辰巳小姐是料理研究家，讓我見識到構成飲食生活基幹的家庭料理的力量，她在這本書裡記述了自宅的庭園、餐點和四季的生活，並提及一個很棒的道理：

「先下手為強，確認工序，萬事具備，仔細作業。」

針對製作梅乾等醃漬食品的「準備工作」，辰巳小姐舉出了四個要點，而我認為這個原則可以應用在所有的事情上。

行動時要先下手為強，時時留意不要落後。事情進行的計畫，要自己審慎訂立。工作程序也要謹慎確認。

在做某件事之前，首先，我會進行一番扎實的調查，並試著思考各種的可能性。

在調查的過程中，你會漸漸對那件事產生概念，一旦有了概念，像「如果失敗了該怎麼辦？」這類模糊的不安便會逐漸淡去。

接下來，你只須全神貫注地仔細去完成你的計畫，把花在「對失敗的不安和寂寞」上頭的無謂心力，轉而用來細膩地執行作業。

第二本書則是《正反人生錄》。

作家色川武大以《可疑的訪客紀錄本》（文春文庫）、《狂人日記》（講談社文藝文庫）等作品聞名於世。其中他以賭博為題材的《麻將流浪記》系列（文春文庫），則是以筆名阿佐田哲也發表。這個筆名的由來也廣為人知，是來自一句他的諧音雙關語——身為賭徒的他曾說：「我打著麻將，回過神時發現天都亮了，心裡不禁念道『都早上啦，又摸個通宵了』。」（譯註：「阿佐田哲也」與「都早上了，又摸個通宵了（朝だ、徹夜してしまった）」的日文發音近似。）

在《正反人生錄》一書中，色川武大有句談及人生的佳句：

「八勝七敗，再好不過。九勝六敗，理想人生。在一生結束的當頭，大抵都是五勝五敗吧。」

在十五場比賽之中，倘若取得八勝七敗的成績，就算領先。就長遠來看，這樣的勝率最為恰好。在同一本書裡，他也寫到「壓倒性的勝利，會在另一場比賽招致壓倒性的失敗」，意思就是倘若你在一場比賽裡大獲全勝，你一定會在其他的十四場比賽裡付出高昂代價。或許是過頭的勝利狂熱有時也會燙傷人吧。

特別是與公事有關的事，我會採取這樣的思考邏輯。譬如說，在手上的十五個專案裡頭，我會想，只要其中有八個專案能順利依照自己的預想進行，剩下的七個專案就算失敗了也沒關係。

無法百戰百勝的人不夠亮眼，當不成明星。但就結果來看，這樣的角色定位或許更能保持自我吧。

我所想出來的另一個與失敗交朋友的方法是，預先想像最壞的狀況。有時就算搶先一步擬訂計畫，萬事準備妥當，仍會遭遇慘痛失敗。因此，最好事先思考：「我最不樂見的情況是什麼？」

這個方法與使心中的不安與寂寞大幅增長的失控想像力不同，你必須極度保持冷靜，就像化身成自己的諮詢顧問，試著列舉「最壞的狀況之一是……」。

感到不安，或是一一列舉出自己「最不樂見的事態發展」，這兩種行為的決定性差異在於想法具體的程度。

「總覺得事情不會順利進行啊……」，這種想法是純粹對失敗感到不安，但「〇〇是導火線，可能會引發〇〇，結果會造成〇〇」，這種思考邏輯則是去預測最壞的狀況。由於「〇〇」的部分已經具體想定，萬一事情真的發生，你還有機會一舉反敗為勝，就算最後無法如願，你也能在這件事上頭學到經驗。

我想提醒各位的是，絕不要輸給「對失敗的不安與寂寞」，因而不去行動。

希望這點各位能謹記在心。

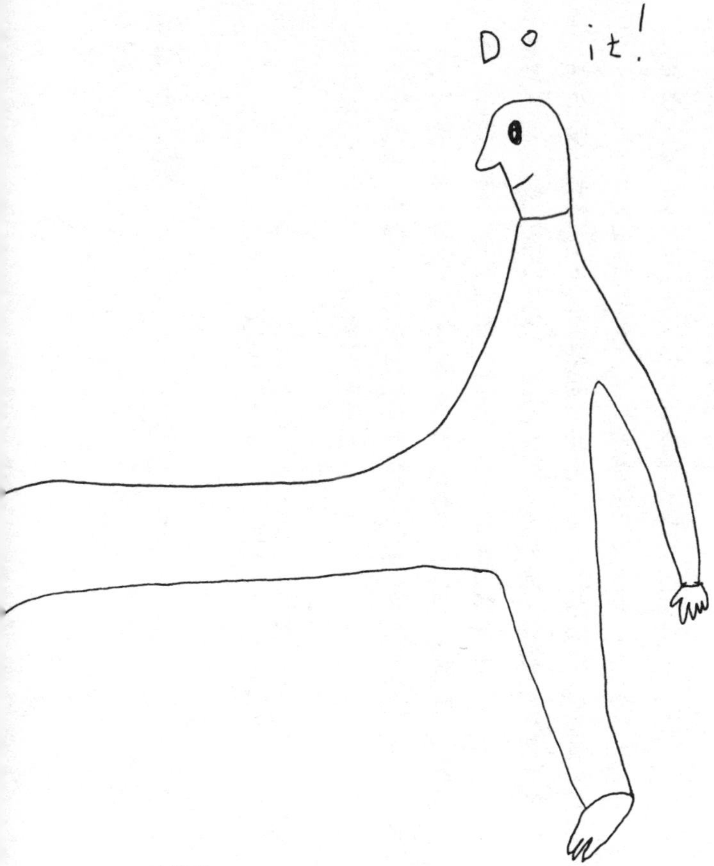

去思考
「如果不做這件事，事情會如何發展？」
跨出你的第一步吧。

給膽小的你

那裡是你有生以來初次造訪的地方。

你手上既沒有地圖，也沒有結伴同行的搭檔，舉目望去，不見一個可以為你指引方向的對象。你也找不到標誌牌。但你有一個無論如何都想抵達的目的地。

碰到這種徬徨失措的時候，如果是我，我會選擇邁出腳步。

雖然不知道該以南為目標，還是該朝北方前進，我會胡亂猜個方向；出發往南，如果發現弄錯了，就再轉向往北走。爬坡的路段走得覺得辛苦了，就繞道而行，如果怎麼繞都還是坡道，就硬著頭皮爬上去。

但不管怎麼走，怎麼走，就是遲遲無法抵達目的地。

像這種時候，人大概都會覺得不安。

當走著走著太陽下山了，月光也很暗淡，有時，還會碰上看不見星星的闇夜，氣溫也漸漸降下。

因為自己孤身一人，不免會感到膽怯，覺得寂寞；肚子又餓，筋疲力竭。這種時候，不安會在你的耳邊低語：

「繞了這麼多冤枉路，自己該不會是在白費力氣吧？」

「在這種地方走得這麼辛苦，搞不好我根本就弄錯了方向？」

「我選的這條路，或許根本無法通往我要去的地方。」

因此，聰明的人或許不會像我那樣矇頭亂闖。

如果要去第一次造訪的地方，在出發之前他們會先找人問路，或者去圖書館借地圖來查閱。更簡單的方法是，拿出隨時都放在口袋裡的智慧型手機，上網檢索。

在跨出腳步之前，他們總想再次確認自己規畫妥當的路線，做好調查，向人打聽清楚。有許多聰明人一直要等到心中所有的不安因子都消除之後，才會上路出發。

他們為什麼要這麼做?因為他們想消除「不知是否會成功的不安與寂寞」。

「沒問題的,請放心。只要走這條路,你絕對能抵達目的地。你需要的時間是〇小時。」

他們想得到這樣的資訊,不會迷路,心中沒有不安,期待能以最短距離抵達自己想去的地方。

不過遺憾的是,倘若你「想抵達的地方」是指工作、人際關係或自己的目標之類的事情,你就沒辦法利用網路的地圖檢索功能來查詢了。說起來,這種事情根本就沒有所謂的路徑或地圖。

就算請教別人,你也得不到正確答案。誰也不能向你保證,「你絕對能抵達你的目的地」。無論你如何去思考深究,仍舊無法參透答案。

我認為,首先,你得認清這個事實,並接受一個殘酷的事實——無論你有多聰明,終究會有你不懂的事。

承認自己有不懂的事,拋開自己的聰明才智,你便會得到邁出腳步的勇氣。

但即便你踏出第一步，依然不能保證你能夠抵達成功的彼岸。只不過，如果你不邁出腳步，你就無法抵達任何地方。如果你不行動，事情便無法開始。

又，只要行動，你絕對會有新發現。因為邁開腳步後，你便看得見接下來要走的路，或是因此認清自己走錯了路。一步又一步地往前走，你便能找到自己的下一步。

反覆的行動與發現。

或許這才是抵達自己夢想之地的唯一方法吧。

「事情能順利嗎？」

「我能成功嗎？」

如果你也被這種不安與寂寞所羈絆，那是你這個人很聰明又深謀遠慮的證據。只不過，那同時也是你裹足不前的證據。

如果你想消除這種「擔心自己不會成功的不安與寂寞」，總之一句話，行動就是了。

既然你也察覺到這種情況沒有地圖可用，那就盡早死心吧。你不需要具體的設計圖，沒有行程表也沒關係。

只要你行動，你的腦中自然會開始浮現計畫，腳踏實地的感覺也會帶給你自信，這麼一來，你心中「擔心自己不會成功的不安與寂寞」想必也能漸漸緩和下來。

不管是工作或在其他事情上，在我遇見的人之中，會令我覺得「好厲害」的那些人大抵都是行事衝動的人。他們擁有比任何人都早一步行動的果斷和勇氣。

如果你在得出「這麼做一定會成功」的結論之前，總是花很長時間在原地思考評估，被不安所牽制，因而動彈不得，久而久之這種行為模式就會變成你的習慣，使你益發無法行動。

我見過很多可憐的人就是因為被這種習慣絆住雙腿，使他們擁有的難得才華與聰明才智因而蒙塵。

所以，請跨出你的腳步吧。
去踏出你的第一步。
有很多時候，勇氣不是從你的腦袋裡生出，而是從你的雙腿湧現的。

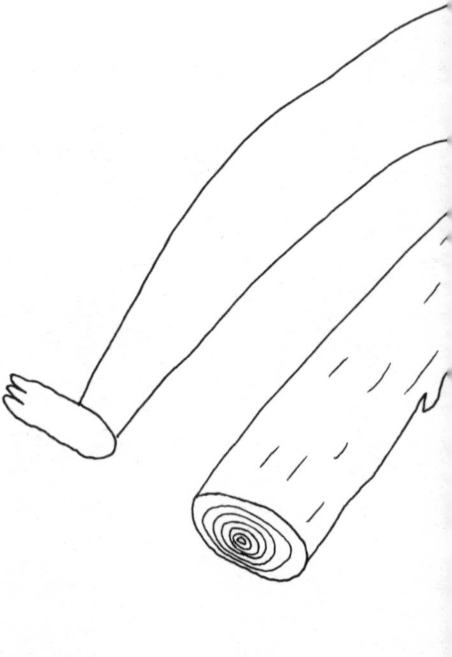

如果有根圓木倒在一步之外，
你只要跨過去就行了。

給害怕孤獨的你

十幾歲去美國流浪的時候，有很長一段時間，我都是窩在廉價旅社的破房間裡。明明我前往異國是為了追求自由，卻搞得連出門都興趣缺缺，理由是——我不願承認自己的孤獨。

走到大街上，我看見有人和家人一起行動，有人則是和朋友走在一起。有情侶，也有看似同事的團體。在他們之中，就只有我是一個人。

我盡可能讓自己當個有趣的人，但我卻交不到朋友。

畢竟我連語言都不通，別說是朋友了，我就連說話的對象都沒有。

走路是一個人，看電影也是一個人。想去餐廳簡單吃點東西，也是一個人。

不，正確地說，我根本沒辦法去餐廳。

理由並不是因為沒錢。我找到了價錢不貴、食物看起來很美味的餐廳，但是從窗口望進店內後，我羞恥得根本走不進去。

因為所有的客人都和同伴坐在一起，和樂融融地用餐，難道連話都講不好的自己要一個人孤零零地坐在店內埋頭吃飯？那實在是太悲慘了。

我進門的意願頓時萎縮，雙腿發軟，心想與其那樣，還不如待在旅社的骯髒房間裡啃洋芋片。

當時我整個人都沉浸在「對孤獨的不安與寂寞」裡頭。

在長大成人的某個階段，人會強烈地感受到「對孤獨的不安與寂寞」。

就算有家人、朋友或戀人陪在身邊，還是感覺自己孤單一身，因此畏懼不已。覺得沒有人了解自己，一種疏離感充斥心頭。

有人會在離鄉背井到都市念大學的時候，或是初出社會的時候，品嘗到這種滋味。一直以來，家人、朋友隨時都在身邊關心自己，時不時會有人找自己說話，但就在某個時期，這一切突然斷絕了。

沒人打電話給自己，甚至連電子郵件都收不到。在那種時候，人便會有所認知：除非自己主動打電話，主動寄電子郵件，主動打招呼、與人見面，否則自己一直都會是孤獨的。

意識到這一點，或許就代表你已脫下童年時代的安全泳圈，開始獨立。**我認為能接受人是孤獨的事實，便是長大成人的證據**。

在美國孑然一身的我在自己就要被「對孤獨的不安與寂寞」給壓垮的前一刻，硬著頭皮把孤單又丟人的自己送到人前，用不擅長的外國語言開始找人說話。

結果我因此遇上了邂逅，也交到了朋友。

「正因為你是孤單的，你才能與人相遇，建立關係。」

這句話是我邁向成人之路的孤單的一堂課，也是我的救贖。

長大成人之後，「對孤獨的不安與寂寞」並不會消失。

即便交到友誼長存的朋友，找到共度終生的伴侶，建立自己的家庭，擁有志同道合的工作夥伴，不安與寂寞仍只會繼續增幅。

因為儘管得到了這些寶物，但「無可或缺的重要之人可能消失無蹤的不安與寂寞」也會隨之而來。

如果和親密的朋友變得疏遠怎麼辦？如果和伴侶分手怎麼辦？如果得辭掉工作怎麼辦？如果父母過世了怎麼辦？

其中，也有人被「自己可能一個人孤獨死去」的恐懼給糾纏。這樣的人很可能會為了消除孤身一人的不安、填補心中的寂寞而拚命努力，落到可悲的地步。

如果聽到有人低喃「一想到自己將來會落得孤身一人，我就好不安」，我會立刻回答對方：

「等一下，擔心將來孤身一人不應該是你的問題啊，因為你一直都是孤身一人，今後也一直都會是一個人。」

聽到我這麼回應，對方或許會覺得「因為事不關己你才這麼冷淡，真是過分」。

但我是真的這麼認為。

無論你的父母依然健在或已經過世，還是有某些苦衷而骨肉離異；不管你有朋友、沒朋友，你已婚、未婚，你有孩子、沒孩子，情況都一樣。

所有的人一旦長大成人，到死都會是一個人，都得背負著孤獨而生。我認為絕不能不去正視這個事實。在這世上的所有人，在孤獨面前一律平等；這是我的看法。

孤獨是身而為人的基本條件，是考驗，也是強項。因為只有不倚靠任何人的獨立個體才能自立行走，活出自己。

草原上的斑馬是種群體行動的「社會性動物」，但牠們沒辦法決定自己的生存方式。要去哪裡得依族群共同的意思決定，要進食也是族群集體行動。遇到獅子攻擊，必須以群族全體生命的延續為優先，就算因此犧牲一名同伴，牠們也「不以為意」。

對斑馬而言，生存的單位想必不是「個體」，而是「族群」吧。

可是，人類生活的單位是「個體」，我們是能在團體中看出個人無可取代性的生物。所以我才會認為，孤獨是生而為人的條件。

儘管如此，「由孤獨而生的不安與寂寞」是一項可能威脅生命的重大試練。

那會有多痛苦，我再清楚不過了。因為孤獨並不是一種特別的感受。每個人都是揣著孤獨而生，這點就連我也不例外。
當我一個人佇立在數百人往來橫行的大型十字路口時，孤獨曾經找上我。
「那些人看起來感情真好。」
「周圍全都是情侶，我卻是一個人。」
然而，事實真的是這樣嗎？
總不可能在那個十字路口的數百人都認識彼此，就只有自己一個人被排除在外吧。就算有些人和同伴走在一起，但每個人都平等地揣著各自的孤獨。
設計師和編輯都知道，肉眼看起來是大紅色的紙張如果放在供校色用的放大鏡底下看，其實是無數紅點的集合。人群也是一樣，大家看似在一起，但其實只是無數孤獨者的集合。
不欺騙自己，認清「孤獨令人不安，令人感到寂寞。但會有這種感覺，是人心自然的反應」。只要接受這一點，孤獨所帶來的痛楚也會緩和一些。只要你知道「所有人都是孤獨的」，向其他同樣揣著痛楚的同伴出聲，此時孤獨便會轉化為你的強項。

人與人若是一對一相處，雙方之間便能產生連繫。如果想成男女關係，或許會比較好懂。舉個例子，就算是情甚兄弟的好朋友，如果兩人總是時時刻刻黏在一起，一同行動的話，彼此都沒辦法交到女朋友。

想要安撫不安與寂寞，與孤獨建立良好的關係，你得要凝視自己。

在你為了填補心中的空洞去和別人見面，不斷地朝外部尋求之前，你得花時間好好面對自己，與自己交往。

軟弱的地方、堅強的地方、好的地方、不好的地方……全都不要別過眼去，試著徹底面對自己這個人吧。生而孤獨的我們，只有自己才是我們到死為止的伴侶。

置身在群體中確實會感到安心，與親密的人在一起的確很開心，但這些關係都可能在一瞬間消失。對自己多抱持一點興趣吧。去了解自己、接受自己吧。然後，好好愛自己。

請用今天一整天的時間來好好面對自己，
試著一個人度過吧。

給不願變老的你

有些事不管你再怎麼想避免，仍是無法逃避。

去接受這些事實，我覺得才是做人應有的態度。

費力去逃避那些無論如何都無法避免的事情，只會讓自己筋疲力竭。「那件事只要努力就一定有辦法，但這件事不管我再怎麼垂死掙扎，都無法逃開。」我覺得能夠做出這樣的區分是很重要的一件事。

「年紀增長，年華老去」便是無法避免的事情之一，面對這種事，我想抱持著「只能忍耐」的心態來接受才是比較好的作法。如果硬是要去挑戰這件事，自己只會一天比一天痛苦。

人類這種生物，有能力去忍耐那些他們難以避免的情況。試圖去逃避那些無可避免的事情而拚死努力，或是抱著「這件事雖然無法避免，但我能忍耐」的決心活下去，這兩種態度之間有很大的差異。

抑制因年歲增長而引起的外表老化或身體衰敗的方法多得驚人，想必是因為有許多人心中都懷著「年老帶來的不安和寂寞」吧。女性的這種傾向更是格外強烈。

市面上用來減緩老化的化妝品、保健食品或健康療法滿坑滿谷。然而，不管是多有效的商品或方法，都無法阻止老化。畢竟我們無法讓時間暫停，這也是當然的事。

可是，無法阻止老化只是在肉體上的層面，精神層面又是另外一回事了。

你平常會花時間好好照鏡子嗎？我想大部分的女性在化妝或剛洗完澡的時候都會照鏡子。

在那些時候，你都在注意什麼地方呢？或許你都在看自己化妝的效果、肌膚的狀況、小細紋或黑眼圈，檢視那些自己很介意的地方吧。

但真的必須仔細檢視的應該是自己的「眼睛」。

是否還炯炯有神呢？眼神有沒有失去了好奇心？是否還保持年輕？

就連刮鬍子都沒有好好瞧上鏡子一眼的男性同胞們，你們最好每天也透過鏡子確認一下自己的眼睛。

為什麼？因為眼睛是判斷你心靈老化程度的量測計。肉體的衰老無可避免，但你的心卻可永保年輕。

那些看起來愈活愈年輕的人，是藉由許多人生經驗和見識，獲得了免於年老的自由。他們能夠像小孩一樣天真無邪，渴望學習新的事物，眼神總是洋溢著好奇心。

維持心靈年輕的祕訣，就是保持天真。

最近我開始在想，漸漸去懂得「人生便是不斷的學習」這個道理，或許便是一種人生的進程。

我認識的一些魅力人士即便活到七、八十歲，依然顯得朝氣蓬勃。

無論什麼時候見到他們，他們總在說「快教我，快教我，這件事我不懂」，渾身散發著純真的光采。他們會專心聆聽小自己十歲、二十歲的人說話，向對方請益，具備一顆謙遜的心。像這樣的人就算上了年紀，想必還是經常能聽見旁人對自己說：「您看起來又更年輕了。」

心靈年輕了，即便身體老化，眼神依然會保持澄澈，閃閃發光。

相反地，就算身體或臉龐等外在條件再怎麼年輕，如果有一顆衰老的心，那個人的眼睛也不會有神采。

「我什麼事都見識過了。」

「不管別人怎麼說，我有我自己的作法。」

「我希望你不要管我，放手讓我去做，因為我才是正確的。」

像這樣放任自己的心變得硬邦邦的，眼神不用多久便會變得混濁。這便是心靈老化的徵兆。

有些人才年紀輕輕，心靈便已經衰老了。特別是在累積了一點經驗，開始對自己產生自信的時期，危險的紅燈更容易亮起。如果你不知道還有下個舞台在等待自己，認定眼前的舞台便是結局，你會失去許多作夢的機會。

從今以後，每天時不時照一下鏡子吧。

先仔細觀察自己鏡中的臉。

「噢，我現在是這副模樣啊。我果然變老了，現在的臉已經和十年前不一樣了。」

盡可能好好地看清楚你不想面對的現實吧。如果假裝沒看見，你只會愈來會害怕，但如果正面去迎視，你會發現即使事態沒變好，但也不會變得更可怕。有些時候，你還會發現意想不到的「優點」呢。

接下來，請你仔細觀察自己眼睛的神采。

「我的眼神還在發光嗎？有沒有變老？我還在學習嗎？人是不是變世故了？」

觀察眼神，也就是在觀察自己的心。在鏡子面前審視自己的心——我認為這便是消除「年老帶來的不安和寂寞」最關鍵的祕密。

年老也代表你愈來愈貼近真正的自己。累積經驗，認識許多人，仔細凝視自己，然後選擇過最適合自己的生活。這是一件幸福無比的事，所以，就算老人有雙神采奕奕的眼睛，一點也不奇怪。

去凝視鏡中的自己吧。
你的眼睛是否還在發光呢？

給害怕疾病的你

我把自己的身體健康擺在第一順位。

我每晚十點就寢，五點起床，早上會去慢跑一小時。無論發生什麼事，即便有重要的工作要做，我都會在晚上七點吃晚餐，因為沒有事情會比自己的身體健康更重要。為了使自己的直覺更敏銳，讓自己能專注在重要的事情上，一年三百六十五天，我都會把自己的身體狀況調整到最佳狀態。

無論你處在什麼樣的職位，都不應該以「因為要工作」為理由而選擇犧牲健康。如果是上班族，公司之所以規範上班時間，就是因為尊重每個人的生活和每個人的人生。身體和你的生命息息相關，那些犧牲身體的休息時間加班的人，等同是在縮減自己的生命。

我請教過一些自己很尊敬的人，言談之間發現他們大都有早睡早起的習慣。

在他們之中，有人肩上扛著十分沉重的責任，也有人得在短時間處理完龐大的公事，他們想必是為了讓自己的身體經常保持在最佳狀態，因此很重視自己的作息。

我認為讓身體保持在最佳狀態，不僅是厲害的人、偉大的人該做的事，我們所有的人都有這份義務。

如果有下屬或員工撐著感冒或宿醉的身體來上班，對我說：「我今天身體不舒服」，我恐怕會這麼回他：「那請把你今天的薪水還給我。」因為如果不以百分之百的最佳狀態來面對工作，就無法善盡自己的職責。

看到有些人在星期一聯絡公司「我身體不舒服，得請假」，我實在是百思不解，忍不住歪著頭納悶：為什麼不把星期六和星期日用來做最重要的事——讓自己的身體好好休息呢？

雖然我不去人太多的地方，也拒絕出席喝酒的聚會，但我很喜歡和朋友見面，也很享受美食。

可是，如果和朋友見面的行程會打亂我規律的生活節奏，為了顧及身體健康，我不會和朋友見面；倘若吃下太多美食會讓身體不舒服，為了顧及身體健康，我只吃五分飽就好；如果熬夜會使自己睡眠不足，就算再想看書，為了顧及身體健康，我會忍耐。

但相反地，因為我為自己設下層層限制，偶爾有機會和朋友見面聚餐，就成了生活中的一大盛事，令我引領期待，努力工作。如果星期日下午有空閒，「可以看書看個過癮」，我便會感到無上的幸福。

只要珍惜對待，你的身體也會給予確實的回應。

「松浦先生的生活很禁欲呢」，有人曾這麼說我，但我並不認同。我覺得，我只是以最適合自己的作法做好一件理當該做的事情。

「聽說○○有益健康。」

「要是生病了怎麼辦？」

「很擔心老後身體會退化。」

許多人心中都揣著這類型的不安和寂寞，如果想消除這些憂慮，就要珍惜自己的身體。

想和朋友出去玩、喝酒、享用美食，卻又不希望生病；想熬夜看電影或電視節目，卻又希望自己一直保持精神奕奕。這些是不可能的事。

有益身體的食物、有益健康的保健食品、喝了對身體好的飲品，世間充斥著各式各樣的養生情報和健康療法。但若是每一種都跟風嘗試，我覺得有些問題。在縱情享受之後，為了消除對生病的不安，嘗試各種養生法，我覺得這似乎是種本末倒置的作法。

想要保持健康，就要珍惜自己的身體，感謝自己的身體。

這並不是為了工作，也不是什麼夢想實現前的忍耐。當夢想實現，品嘗果實的時刻也會到來。為了在那一刻可以盡情慶祝，我們不是該好好維持自己的身體健康嗎？

在每一天的生活中，只要你把自己的健康看得比工作優先，比享樂優先，好好珍惜自己的身體，你對疾病的不安也會漸漸隨之消散。當然，有時候無論自己再如何小心，還是可能意外感染疾病，但我相信一定能把病情控制在最低限度。

對身體抱持更多感恩，也能幫助你消除對疾病的不安和寂寞。

身體無時無刻不在工作。就算我們沒有意識，心臟依然在跳動，身體仍舊在呼吸，毫不懈怠地繼續進行各種延續我們生命的活動。

有時候，雖然我們沒有發現，但我們的身體其實經常處在生病狀態。儘管出現一些異狀，不過身體在我們發燒、出現自覺症狀之前，就努力地為我們治好了病痛。這種事一天之內搞不好會發生好幾次，多虧了身體的努力，我們才能健康地生活。

光是稍微走上一段距離，體內可能便有部分肌肉因此壞死，然後自然再生。換句話說，就連「眼睛看不見的傷」，身體也悄悄地為我們治癒了。

身體是我們忠實、堪稱奇蹟的「夥伴」，我們應該更有自覺地去意識它不是嗎？我想好好愛護、珍惜，感謝自己的身體。

還有一件事，那就是「病由心生」。

我並不是指對所有的事都要樂觀看待，但是每天都應該讓自己過得開心，一天至少大笑一次。我認為這也是健康管理要做的事情之一。

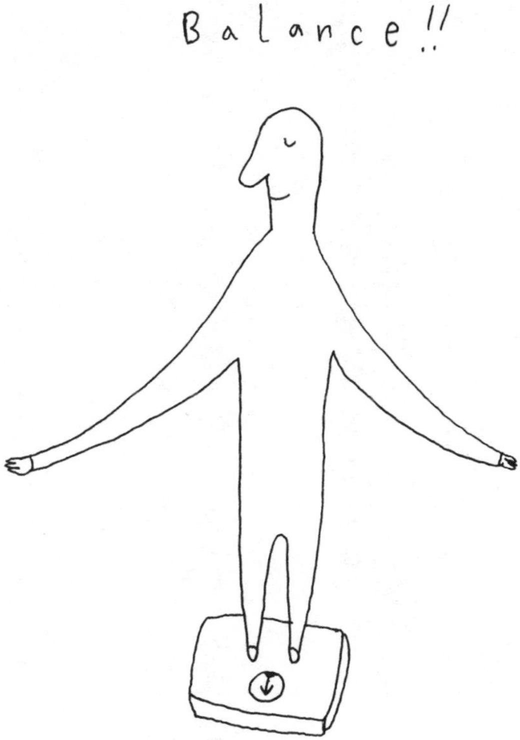

請不時為你的心和你的身體做健康檢查吧。

本章總結課題

小時候，你們曾經沾柳橙汁在紙上寫字，然後放在火上烘烤嗎？用透明的果汁寫下的文字雖然用肉眼看不見，但是一放在火上烤，字跡便會漸漸浮現。

每個人心裡都隱藏著就連自己都不願承認的真實想法。用火把那些想法都烤出來吧。這樣你才能發現自己的真實想法，並且去接受它。就像用火去炙烤，採用稍微粗暴一點的治療法。

為我們擔任火焰角色的是身體的苦痛。我去美國的「約翰・墨爾徑」（John Muir Trail）健行的時候，發現了這個方法。

那趟旅行我得不停地走，還得了高山症，當我躺在冰塊上待在帳篷裡時，心裡在想：「我搞不好會死在這裡。」
當時我在想什麼？腦中浮現了誰的臉孔？
令我意外的，就連我自己也不願承認的各種念頭一個接一個地被烤了出來。

你不必特別到優勝美地谷（Yosemite Valley）去。
就利用你進行嚴苛體能訓練的時候，在你感冒發燒的時候，在你牙痛的時候。
只要在身體被逼到極限的時候，去審視自己的心，
你會發現自己意外的一面。
你會被迫認知到自己並不是完美的。
但那個你盡可能不想看見的醜陋的自我，才是你應該接受的自我。

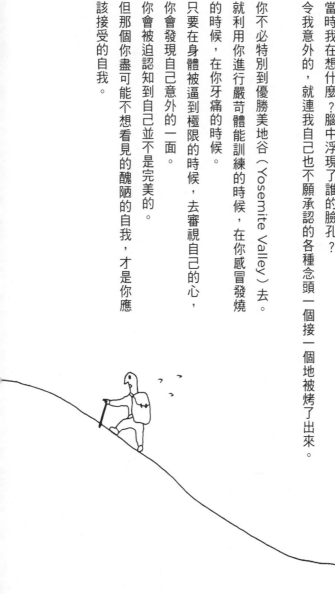

第三章

去原諒那「兩件事」

給不想被討厭的你

我曾經很羨慕那些胸襟開闊、天真爛漫的人。他們沒有邪念，性情率直真誠。因為表裡如一，想必很受到大家的喜愛吧。

他們「不管別人怎麼看，我就是我」的態度，想必讓自己的人生變得輕鬆許多吧。

但說到我，我就完全相反。

我很在意別人對我的看法，不管對象是朋友，還是工作上往來的人，我總是一不小心就容易想太多。

「大家是怎麼看我的？」

「該不會其實他們都很討厭我？」

「搞不好有一天我會被排擠。」

不管去到哪裡，這樣的心情都如影隨行地跟著我。
因為想讓自己看起來更體面，希望別人喜歡自己，一不小心就說出口的小謊言。看著別人幸福，嘴巴上說著「這很好啊」，嫉妒卻在心裡悶燒。
我心中揣著的祕密化為覆上一層羞恥的不安與寂寞，日漸增長，我的心裡時時刻刻都存在著「搞不好會被討厭」的恐懼。

我減輕自己負擔的方法，就是把自己的祕密告訴別人。
把別人知道了可能會覺得反感的祕密，鼓起勇氣告訴對方。
那人是我一個很重要的朋友，我因為不想被他討厭，希望與他袒誠相對，決定向他坦白說出自己的祕密。因為我深切地感受到自己「不想對這個人說謊」。
我告訴他，就連在親密的朋友面前都無法表現真正的自己，讓我有種近似於罪惡的感受。
我還告訴他，我的真面目其實是個會撒點小謊、會嫉妒別人、會感到自卑的醜陋之人。

我的朋友一直靜靜地聽我說。現在回想起來，那就像是基督教信徒在教堂告解或類似心理諮詢的行動。

我因此得救了。自此我得以敞開自己的心門。

自己的弱點、不好的地方、覺得必須改進的地方，這類想掩人耳目的「恥辱」，大部分的人多少都有。當時聽我告白的好朋友也很快便表示理解。

「大家不都是這樣嗎？」

「我也是一樣啊。」

「哦，原來你是這麼想的啊。」

就算對方沒有給我什麼特別的意見，光是他能聽我說，我的心境便大有轉變。在那之後我也和幾個人做過類似的告白，但從沒有人回說「咦？松浦你竟是這樣的人？真不敢相信」，或做出類似的反應。

儘管跟我心中所懷抱的「或許會被討厭的不安和寂寞」的成分有些不同，對方其實同樣懷抱著他自己的「或許會被討厭的不安和寂寞」，有時透過曝露自己的祕密，雙方能夠更加了解彼此。

沒有必要和你認識的所有人都做這樣的告白。而是請那些對你而言真正重要的人——無論那個人是你的家人、好朋友，還是伴侶——傾聽你羞恥的祕密吧。

雖然在日本尚未普及，但做心理諮詢或向心理醫生尋求協助也不失為一種好方法。有些話面對與自己毫不相干的對象反而容易說出口。

重要的是，不要把「或許會被討厭的不安與寂寞」當成祕密，就把祕密全都說出來吧。

展示自己，主動曝露自己，沒有比這更重要的事了。

努力敞開自己的心門吧。「敞開心門」並不是要你大方待人，笑咪咪地面對人群，迎合大家，而是希望你把平常說不出口的個人私事向某人坦白。我認為這才是「敞開心門」的行為。

如果因為擔心「或許會被別人討厭」而封閉自己的心，對方自然不知道該如何和你來往。窗子緊緊關上，即使在大白天也拉上窗簾，屋裡沒有一絲動靜。住在這種房子裡的人，自然沒有鄰居會想和他們來往。

心裡揣著「或許會被討厭的不安和寂寞」的人，就像門窗緊閉的房子。

不展露笑容。不主動打招呼。不讓別人看見真正的自己。

這麼做等於是自己主動疏遠了周圍的人。在你被別人討厭之前，別人可能就把你歸類為「不相干的人」，把你排除在外。

一直等在原地不動，只是期盼「希望有人來和我說說話。希望有人懂我，看見真正的我」——這可是相當困難的要求。

除了告白自己的祕密，還有一個能在日常生活中進行的「敞開心門訓練」。方法是：把你此刻身處的地方，想成是陌生的外國。想像你身處不知名的街道，耳邊聽著無法理解的語言，要在異地和人交朋友。並且，試著以那樣的心態和其他人互動。

去到沒有半個熟人的外國，自己主動向人打招呼、主動對人微笑是最容易交到朋友的方法。如果你只是一直待在原地，等著別人來向自己搭話，你就會一直孤獨下去。除了主動出擊，別無他法。

平時就試著進行這個訓練，偶爾勇敢地和親密的人傾訴自己的祕密。如此一來，你一定會發現自己變得輕鬆許多。

試著自己主動敞開心門吧。
方法很簡單，就算對方是陌生人，
你也主動打招呼，
微笑以待，這麼做就行了。

給想自痛苦逃離的你

大約從一年前起，我開始慢跑。

早上起床，潑水洗把臉後，便換上運動服在自家附近跑步。那條路我經常走，但一直以來並沒有特別意識到什麼。然而，當我得跑在上頭的時候，我對那條路的印象竟完全不同了。

起初，我是在涼爽的季節以不勉強自己的速度跑步，但還是馬上汗流浹背。跑了幾天之後，我心想「既然身體已經習慣了，何不試著加快速度」，結果我沒多久就氣喘吁吁，雙腿危危顫顫，那段熟悉的路程竟變成了一條艱辛的路。

等我終於習慣了那樣的強度後，再次加快了步調。結果，艱辛之路化為荊棘滿布之路，令我忍不住哀嚎：「要一路跑到底是不可能的，實在太痛苦了！」

可是，等到我的身體再次習慣那樣的速度，我又能流暢地跑動了。我不再氣喘吁吁，雙腿也不再打結，現在的我已經能夠舒暢地進行早晨的慢跑。以前走路要花十分鐘的路程，我現在只要五分鐘就能跑完。

這雖然只是一件小事，但我確實有所成長，我已經能「跑得更快」。

這個例子和「面對困難的不安和寂寞」的情況很像。

每個人都想避開困難通過眼前的路，但感覺到「痛苦、吃力」，卻也是自己正在成長、正在前進的證據。

如果你一點感覺也沒有，就代表那條路對你而言已經駕輕就熟，你並沒有從中得到成長和學習。

人在健身的時候，會為自己想鍛鍊的部位多加一點負荷。如果想鍛鍊手臂，就多活動手臂肌肉，直到有點吃力的程度；如果想鍛練腿力，就積極擺動雙腿，直到自己筋疲力竭。

也就是說，那些承受痛苦的部位是因為承受了痛苦，因此變得更加強壯。

困難也是一樣。你之所以會覺得困難，或許是因為你正在補強自己不足的地方。一切的折磨，或許都是用來鍛鍊自己弱點的「量身打造的試練」呢。

不擅長與人溝通的你如果正在為人際關係煩惱，不妨去想「為了讓自己能夠更靈活地建立人際關係，現在，我的弱點得多承受一點重量」。

工作歷練還不豐富的新人在遭逢未曾經驗的意外時，不妨去想「這場意外之所以發生，正是為了要補強我的弱點，是一場使我能夠變得更加能幹的試練」。

只要換個想法，你就不會想自眼前的痛苦逃離。遇上困難時，你也不會什麼都不做，一味地任由不安與寂寞膨脹。相反地，你會使出渾身解數，得到正面與困難交手的勇氣。

這麼一來，我相信你一定能夠有所成長。

人生在世，總會碰上自己無能為力的事情。像這種時候，人或許會覺得「這才不是為了要讓我變強的試練」。真心感到悲傷、沮喪、煩惱，甚至差點就被絕望給擊垮。

但我希望自己到了最後可以這麼想：

「因為這件事我學到……」

「我是因為要更上一層樓，才會碰上這種事。」

當你在苦惱過後得出這個結論，另一扇門便會為你開啟。

只不過，在你能夠更上一層樓，打開別扇門之前，還需要時間。這不是只要煩惱一個晚上便能解決的事情，有時也會碰上「無論如何，我都無法忍受這種事」的情況，有時自己也會忍不住想吶喊：「為什麼只有我這麼痛苦！」

遇到這種時候，我會念誦一個咒語：

「正因為我有能力跨越，這個試練才會降臨。」

這麼一想，整個人便會變得非常輕鬆，又有餘力能夠去思考：「這件事能讓我學到什麼？」

碰上痛苦的事情，我希望自己不要心懷怨恨，而是能夠感恩地想：「謝謝，讓我得到了一個可以學習的機會。」我覺得如果一個人能把自己遇到的一切人事都當作禮物收下，他就能變成一個很棒的人。

人生就像一階一階地爬上樓梯，克服了一個困難，又會有其他困難接連而至。困難永遠不會消失，在這周而復始的過程中，人一面生活一面成長。

我覺得沒有痛苦，也沒有辛勞的人生很無趣。

嘗到了痛苦與辛勞的滋味，便能知道自己和其他人的弱點；知道對方是背負著相同弱點的同伴後，你便能對身邊的人多一分體諒。

還有一個無庸置疑的真理：你愈是逃避，那些令你痛苦與辛勞的事愈是會緊緊跟隨著你。

與其這樣，你何不回過頭緊緊擁抱它們呢？不管是多痛苦的事都緊緊抓住，把它轉化為使自己成長的糧食吧！

遇上困難時，
就念誦這個咒語：
「正因為我有能力跨越，
這個試練才會降臨。」

給不願失去的你

有些孩子會一個人獨占玩具。

「熊寶寶玩偶、洋娃娃、皮球和遊戲機，這些全都是我的，我才不要借別人！」

嘴上這麼說著，把玩具全都摟在懷裡，但孩子小小的手掌和短短的手臂，根本沒辦法一次抱住熊寶寶、洋娃娃、皮球和遊戲機。而且，那孩子最喜歡的寶物，其實是獅子洋娃娃，以及跟他身材一樣高的兔寶寶玩偶。他還有一架玩具鋼琴，根本就沒辦法把玩具全都抱在懷裡。

孩子感到不安，於是他把有的玩具都收集起來，放進一個連自己都裝得進去的大箱子裡，站在箱子前面看守。

「你們誰都不許摸！」

等到嚷著「借我嘛」、「讓我玩嘛」的其他孩子死心回家後，那孩子總算安心了。

可是，等到所有人都不在了，他才發現就算玩具再多，一個人玩根本一點也不開心。

不管是扮家家酒，還是投接球，都要有朋友才能玩。緊緊抱著熊寶寶玩偶，靠在和自己一樣高的兔寶寶玩偶身上，儘管能帶來些許安慰，但還是比不上和朋友在一起開心。

最後，那孩子終於抱著自己最珍惜的熊寶寶走到外頭。

「這個給你們，誰來陪我一起玩吧。」

人類積貯財產或珍貴的東西，多半是出於本能。

有些人原本是為了消除對將來的不安與寂寞而存錢，但最後卻落得被失去錢財的不安給困擾。

「那是有財產、有寶物的有錢人要擔心的事，和我一點都沒關係。」

或許有人會嗤之以鼻地這麼說，但這是誤解。每個人都有自己重要的東西。

雖然這之間可能是一萬圓價值或一百萬圓價值的差異，是小巧屋宅或大豪宅的差別，但每個人都有自己珍貴的東西。

有人重視無法以金錢取代的朋友、戀人和家人，有的人則很重視自己的工作和地位。

「要是失去這些，我該怎麼辦？」

只要是令你有這種感覺的無可或缺之物，全都是你的財產。

只是每個人都誤會了一件事：大家以為自己「擁有」那些東西，認為那些是「屬於自己的東西」。**但那些珍貴之物其實全都不屬於你，不過是暫時寄放在你手上的東西或任務。**

其實根本沒有一項是屬於自己。

如果你是大富豪，那也只是別人信任你——如果把錢寄放在那個人手上，他應該會把這筆錢有效運用在社會上吧——暫時把錢寄放在你手上。因此，你絕不能把錢當成私有物揮霍，買奢侈品，用在快樂的追求上，為了一己私利而積聚財物。

「該如何善加利用，才能為社會帶來利益呢？」

你要絞盡腦汁想出辦法，善加利用。

如果你擁有社會地位，那也只是別人信任你——如果是那個人，他應該會為這個社會展開行動，也能挑起責任吧——暫時把權力交到你手上。你絕不能自我陶醉，心想「這是我的努力有了回報、這是我的實力」，因而妄自尊大。

「為了這個社會，我能做什麼？」

你得絞盡腦汁想出辦法，確實執行。

如果你不能遵守這個原則，有一天你的財富和地位都會被收回。因為那些東西全都不屬於你，只是暫時寄放在你手上罷了。

「不是自己的東西，只是暫時寄放在自己手上。」

只要這麼想，你就不必擔心會受失去的不安困擾，並與這種落寞無緣。除此之外，你還能體會到與大家分享的喜悅。就像小孩子發現玩具要和大家一起分享才好玩一樣。

同樣的，我覺得也不能把公司付給你的薪水視作「付出勞力的代價」、「理所當然是屬於自己的錢」。如果你每個月領二十萬圓的薪水，卻都把錢花在一逞私欲上頭，未免太豈有此理了。如果要為自己花錢，那就把錢用在維持健康，讓自己能精神百倍地工作、提升自己的事情上頭吧。然後，透過工作，你至少要回饋四十萬圓的價值給這個社會。以這樣的態度工作，這便是有效活用寄放在你手上的二十萬圓。如果你因為買了自己的房子，因此在精神上或肉體上都變得更健康，可以為社會帶來更大的貢獻，那存錢買房子也是一種正確的使用方式。

為社會帶來莫大貢獻的人住豪宅是理所當然的事，但如果你還年輕，只能做出些許貢獻，公寓生活便符合你的身分。因為所有的生活和工作，出發點都是為了社會。

只要抹消「擁有」這個概念，「擔心失去財產與珍貴之物的不安和寂寞」便與你無緣。當你一無所有的時候，將會有一個更寬廣的世界在你眼前展開。

請調查你一個月的金錢使用方式。
你是否有效活用了你的金錢呢？

給害怕貧窮的你

「我討厭自己這麼窮。」

「我會就這麼窮上一輩子嗎?」

有些人輕易就會喊窮，把貧窮掛在嘴上。

可是，究竟怎麼樣才算貧窮?我認為應該要著眼在這一點上。

沒錢算貧窮嗎?不能奢侈度日算貧窮嗎?貧窮是指不能盡情購物、住不起好房子嗎?

不去謹慎思考，就把「我好窮」掛在嘴上。我認為這便是挑起不安、招來寂寞的原因。

貧窮與否，是由自己是否滿足來決定。金錢、房子、生活用品，如果你一味向外尋求心靈的滿足，你到死都會是貧窮的。無論你擁有多少錢，處在多麼得天獨厚的環境之中，你也不會滿足。如果你只是想比別人擁有更多東西，欲望只會無窮無盡。

請更專注在自己的內在吧。如果你能在用肉眼看不見的東西上頭找出價值，你便能和貧窮永遠說再見。就算從世間的標準來看你很「窮」，你依然能過得心滿意足。

無論是金錢或事物，「沒有」並不等於「不幸」，這點希望大家能銘記在心。

不丹國王在一九七〇年代推廣GNH（國民幸福指數）這個觀點，把這個指數作為治國的方針。在不丹不是以GDP（國民生產毛額），而是以GNH來判斷國民過得是否幸福。

在二〇〇五年舉行的國勢調查中，有百分之九十七的不丹國民回答「自己很幸福」（http://www.nishinippon.co.jp/nnp/item/263739）。

不丹是個貧窮的國家，年度收入有三成是仰賴印度等國家的金援，有百分之二十三的國民處在「貧窮水平線下」（二〇〇七年資料，http://business.nikkeibp.co.jp/

article/world/20110610/220675/）。

實際上，在二〇〇七年的GNH調查裡，有將近八成的不丹國民回答「對過去一年的收入感到不滿」。

不過在同一項調查裡，針對「你的收入是否滿足家人每天的食物、住所與衣物所需」這個問題，有將近百分之八十八的不丹國民都給予肯定答案。除此之外，有百分之八十七的不丹國民表示自己「在精神上感到幸福」（http://www.nishinippon.co.jp/nnp/item/263651）。他們想必是了解到金錢與幸福並無關係。

根據英國心理學者的分析，在一百七十八個國家當中，日本的「國民幸福程度」排名第九十（二〇〇六年資料）。儘管生活遠比不丹富饒，但感覺幸福的日本人卻很少。

如果一直想著要「再來一點、再多一點」，漸漸地，你將無法從任何事物上頭得到滿足。

「這裡什麼都沒有嘛，真是無聊。」一直說這種話的人，我想就算去了天堂也會繼續抱怨。

擁有多少物品或金錢都一樣。一個人是否貧窮是取決於自己是否感到滿足，結果到頭來，竟是自己的心製造出「對貧窮的不安和寂寞」。

金錢這種東西，就像是非常難以駕馭的交通工具。要使用巨額的金錢，必須具有相應的能力與責任。

假使，普通收入的人必須具備駕駛載運四人家族的小轎車的能力與責任，那麼有錢人就必須具備足以承載二百五十名乘客翱翔天際的大型客機飛行員的能力與責任。

當然，這終究只是比喻，人命的重量並無法以數字來計量，但比起私家車的駕駛，飛行員確實需要更專業的能力與責任。而緊張、壓力、痛苦，也會與你要承擔的責任重量等比例。

金錢是社會暫時寄放在你手上的東西，並不是你個人的所有物，因此有錢、沒錢並不能決定一個人的幸福。只要抱著這種心態，我想就能自「對貧窮的不安和寂寞」解放吧。

再者，金錢的關鍵在於「如何使用」。

儘管坐擁巨款，有人卻只知道把錢用在購買超乎必要的大房子，用在揮霍、享樂上頭，那麼這些人便是缺乏有效利用金錢的點子。

如果你想從「對貧窮的不安與寂寞」中解放，或是獲得真正意義上的豐饒，那就不要光顧著自己，而是放眼社會，絞盡腦汁想想自己能如何把金錢發揮出最大利益吧。我想用錢的機會一定會降臨在有這些計畫的人身上。

假使現在有一百億現金可供你自由運用，
你會如何使用這筆錢呢？

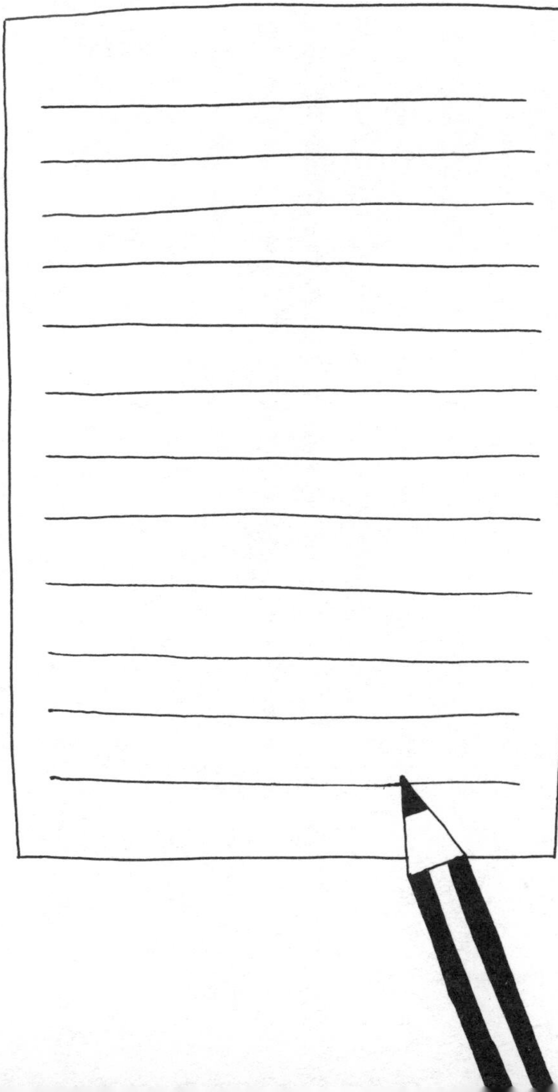

本章總結課題

A：

筆記本也好，一張白紙也沒關係。

請在中間畫一條直線，然後在右邊寫下自己的優點，在左邊寫下自己的缺點吧。

請不要客氣，大大的在右邊寫下自己值得尊敬的地方。

至於左邊，則提起勇氣寫下自己盡可能不想去正視、感到羞恥的地方。

兩邊的數目不同也沒關係。

因為這些數目的差異會隨著時間而改變。

寫在右邊的優點，請儘管去施展發揮吧。

寫在左邊的缺點，則是用來反省自己；但過分苛責自己是大忌。

審慎反省自己後，就原諒自己的缺點吧。
然後，再原諒一個你始終覺得「無法原諒」的其他人的缺點。

B：
每個人都會有討厭自己的時候。
沒有自信，厭惡自己，無法原諒自己。
如果遇到這種時候，就去做一件可以立即執行、自己喜歡且擅長的事情吧。
像我的情況，我會去做美味無比的煎蛋卷。
像這樣安慰自己，原諒差勁的自己。

第四章

去愛那「兩件事」

給在意外表的你

有一天，一個仙女來到面前對你說：

「從今天起，你必須把自己的生命奉獻給一個人。你不再擁有自己的興趣和生活方式，你只能像個僕從一樣，全心為那人而生。」

雖然你立刻提出反駁說「哪有這麼荒謬的事」，但仙女只是搖搖頭說「這是不容你推翻的宿命」。

「你要奉獻一生的對象，可以選擇心儀的異性，也可以是宛如王者般令你尊敬的同性。從此刻開始，你會從身邊一切的人際關係中解放，因此你不一定要選擇目前的伴侶，你也可以擇擇自己未曾謀面的理想對象。今後，你將會失去一切自由，只剩下選擇那個對象的自由。那麼，你要選誰呢？」

你會怎麼回答呢？

或許有人會選擇值得自己獻上一生的歷史上的偉大英雄，當他忠實的家臣；又或許一些個性浪漫的人會選擇像外國影星般魅力十足的人，當對方的家僕。

但問題是，你得獻出「一生」以及「自己的一切」。

你們的地位並不是對等的。你將不再有自己的興趣，你的一切都得獻給那個人。而且這段關係將會持續到永遠，和挑選戀人並不相同。

「如果是我，我會選擇什麼樣的人？」

思考這個問題時，我覺得如果是我的話，我不會從外表來挑選。舉例來說，如果你選擇了一個美麗但沒有內涵的人作為奉獻一生的對象，那不會很空虛嗎？我想有這種感覺的不只是我，就本質上而言，大部分的人都不會從外表來挑選對象。

在許許多多的場合中，我們的確容易以第一印象和外表來判斷別人，這是事實。但是，倘若那是會左右自己一生的重大決定時，我們便絕不可能這麼做。

有時我走在街上會看見令人驚豔的美女。

「好像模特兒啊，身材真好。」

我雖然會這麼想，但也僅只於此。

每個人的外表本來就不一樣，因此不管生得是美、是醜，我並不認為這有什麼好特別在意的。

「人並不需要為自己的長相負責。」

這是我一直以來的觀點。

自己的性格、自己的發言、自己的行動、自己的生活方式，這些全部是身為成人應該承受的責任，但長相就另當別論了。無論五官生得如何，都不是自己打造出來的結果。我覺得自己並不需要為這種事情負責，也覺得那些為此引以為傲的人很奇怪。

我經常說：「別人並沒有你以為的那麼在意你，這是真的。世界上最在意你微妙的胖瘦差異的人，是你自己。」

「因為我長這樣，所以我才不幸福」、「如果我再○○一點，我一定能遇上更多好事」，在意外表並為此煩惱的人，問題似乎大都不是出在外表，而是出在內在的心結。

其中，許多人都是受到過去的影響。童年時被爸媽嫌棄不可愛、外表曾被朋友調侃，心中一直揣著這些過去的小傷。但有時候問題往往不是出在他們的外表，而是純粹只是親友的個人判斷或是沒有惡意的調侃。

由於問題的根本是出在心靈的舊傷，因此不管你如何在外表下工夫，問題也無法解決。

即便花長時間化妝，減肥讓身形苗條，也無法消除「外表引起的不安和寂寞」。我常聽說有些人就算整型做了大眼睛，把鼻梁墊高，依然無法消去心裡的自卑，反而因此陷入愈整愈多的狀態，一心期待自己「再美一點、再美一點」。

而且那些極端在意自己外表的人往往是不化濃妝比較可愛，不減肥的身材比較勻稱，或者是令人納悶為什麼要整型的美女。實在令人不勝唏噓。

我想到的對應方式有三種。

了解問題並不是出在自己的外表，而是出在過去。

重新回顧過去，如果過去的自己有不恰當的行為，便反省改進。

讓過去的成為過去，不把舊傷帶到今天。

請試試看這三個辦法吧。

拋開過去，活出全新的自己——心情的轉換無須改變一張臉或是判若兩人地改變身材——你也能辦得到。

唯一必須為自己的外在負責的部分，是自己的服裝儀容。穿著清潔與符合社會禮儀的服裝，是成人應有的素養。

你唯一必須為自己的外在負責的部分，
是你的服裝儀容。
你是否打理好你的儀容了呢？

給討厭自己的你

「我這樣子行嗎？」

神經質、太害羞、膽小、過度謹慎。

比起外在，或許很多人更介意「面對內心時，所產生的不安和寂寞」。

「身為人的我是不是太失敗了？」

「再這樣下去，我就沒救了。」

我本人不僅相當神經質，個性害羞又膽小，容易對這類型的不安和寂寞太過敏感，就連到了現在，我也經常為此疲累不堪。從前我老是不知道該拿自己的這一點如何是好。

一直到了最近，我總算學會了如何馴服這種「面對內心時所產生的不安和寂寞」。

我所嘗試的第一個有效方法是：不要對自己生氣。

從前的我很在意小細節，往往一點小事就能讓我放在心上，然而察覺自己有這種毛病後，我對自己很生氣，導致心情變得更加煩躁。

「為什麼你就這麼神經質呢！你的心胸不能再寬大一點嗎？」

我甚至會像這樣斥責自己。結果，個性神經質又膽小的我變得更加戰戰兢兢，更加神經質與膽小，陷入了惡性循環。

直到有一天，我決定去愛我心中的那個膽小鬼。

「沒關係，你就保持這樣吧。你的確神經質、害羞、又膽小，但這又不算什麼異常的毛病，也不是什麼非改不可的缺點。」

就像在處理人際關係的時候，有許多情況，只要你不生對方的氣，接受對方，原諒對方，珍愛對方，狀況立刻就能得到緩解。

但消氣也需要契機，這時我所嘗試的作法是：尋找自己內在性格的「優點」。

就拿神經質這一點來說，如果從正向的角度來看，也代表那個人注意力很敏銳，也可以說他是敏感、感受力強。就和有些人嗅覺特別敏銳、視力特別好，是同樣的情況。

無論是在公事上，或是私人生活中，敏感有助於提升想像力和觀察力，由此可以催生出對他人的關懷。雖然人太敏感的確有壞處，但敏感同時也是一個非常好的優點。這個發現使我釋懷了許多。

儘管如此，過分敏感確實會讓自己以及身邊的人都勞累不堪。

舉例來說，據說狗的嗅覺能力是人類的一億倍。那雖然是狗的強項，但如果我的嗅覺也達狗兒的水準，搭客滿電車的時候可就頭疼了。

身上有菸味的人，種類五花八門的女性香水，男性整髮劑的味道。早餐食物的味道，汗水的味道，皮包的味道，電車裡不流通的空氣。光是想像我就鼻子發癢。

同樣的道理，如果把過度敏感的自己毫不掩飾地表現出來，與各種事物過度接觸，我想感應器也是會損毀的。

在這裡簡單為大家介紹一下，有此困擾的我所嘗試的想像練習法：

你的頭部是由許多零件組成的。

每一件都是精密的裝置，複雜地組裝了許多螺絲和彈簧，就像是瑞士製造的老鐘表內部，每個零件都忠實無休地運作著。

這機械是以鑷子組裝了上千件零件做成的，因此就連別人無心的一句話、其他人沒注意到的小細節，都能迅速反應，靈敏度極高。當你在工作時，或是當你在關心自己重要的人的時候，你頭部的精密儀器都大大派上用場。因為它能察覺危機的訊號，迅速地響起警報。

然而在持續使用的過程中，這部儀器的溫度也會漸漸升高，變得愈來愈燙。由於這個裝置是精巧的機械，你得時不時讓它休息，以防損壞。

首先，請你用拇指指腹和食指掐住儀器上最大的一根螺絲，試著轉開吧。一開始螺絲或許有些緊，但在你慢慢使力的過程中，螺絲也會愈來愈容易轉動。完成這個動作後，精密儀器有部分的功能便進入休眠。

深呼吸一下吧。順便，讓身體也放鬆一下。這時候，其他人的目光不再像平時那麼令你在意。你的感覺就像隔著一層毛玻璃和其他人對視，雖然看得見對方的臉，但是只知道對方在微笑。另一頭的人也和你一樣，沒有人凝神盯著你看。於是，你變得輕鬆一點。

接下來，將小型的螺絲起子抵在第二大的螺絲上，試著輕輕轉動吧。螺絲輕鬆鬆地就轉開了。完成這個動作後，精密儀器又有一部分的功能進入休眠。此時傳進耳裡的人聲比平常模糊許多，就像人潛入了水中，傳進耳裡的聲音變得模糊不清。雖然你還聽得見，但只聽得到笑聲，對方也聽得見你的聲音。但是因為你整個人很放鬆，沒有特別的話想說，於是你只是隨興地「噢」地出聲喊一下。於是，你又變得輕鬆一點。

偶爾在獨處的時候做這種想像練習，與人見面時則可以採取更簡略一點的作法——念誦咒語：「鬆開腦袋的一、兩根螺絲釘。」偶爾恍一下神，也就是「耍一點小笨」。這個作法對我很有效。

心中揣著「面對內心時所產生的不安和寂寞」的人，也可以說是對自己的內在太過敏感的人，因此這樣的想像練習法應該會有幫助，請各位不妨一試。

想像自己正在鬆開腦中螺絲釘的畫面吧。

給為生育感到苦惱的你

不必把這想作是命運，也不必逼自己盡快忘卻。

更何況，這也不是能夠輕易忘掉的事情。傳宗接代是生物的原始本能之一，無論你是男人或女人，任誰都可能嘗到「無法留下子嗣的不安和寂寞」。

特別是女性，聽說女性對生育苦惱的程度，男人根本就無法想像。這是一個非常敏感的議題。

在有此煩惱的朋友當中，有些人曾因為某些無心又苛薄的言論而受傷，也有些人背地裡在接受醫師的治療；有人在身邊親友喜獲麟兒的時候，沒辦法誠心地替對方感到高興，為此感到罪惡。

接下來我要說的話，恐怕有人會覺得我的意見過分樂觀。當然，我不會說什麼「這種事情不重要」，也不打算露出感同身受的表情說「你的心情我懂」。

由於這個問題實在太過敏感，身為男性、又有小孩的我或許不去碰觸比較妥當。

但我還是有話想透過本書來告訴你，那就是——留下子嗣並不是人生唯一的目的。

現在許多人都因為某些理由而不生小孩，或者該說是不方便生小孩。難道這代表那些人也沒有善盡他們人生的責任，任由生活日益破滅嗎？

我覺得這樣的結論未免太過荒謬。因為只要反過來想就知道。難道生了小孩，就算達到人生的目的了？這也是個太過荒謬的結論。

人在一生中，除了生小孩，至少會有一、兩件事是只有你才能做到的。這些事和你有沒有生小孩無關，而是使你能留下屬於自己的足跡的事。

至於人生的目的為何，答案因人而異。

不過，無論各人的目的為何，要達到目標有個共通條件，那就是——必須要

愛自己。我下定決心至少要遵守這個原則。

就算自己可能被全世界的人討厭，就算被罵說是「無可救藥的傢伙」、被批評為「沒有活下來的價值」，我還是決定要繼續愛自己。我發誓，無論自己能做什麼、不能做什麼，欠缺什麼、擁有什麼，我都絕不能討厭自己，要好好珍惜自己，到死都要繼續愛自己。

幸福的定義也是因人而異。

但要過得幸福有個共通條件，那就是──要活得像自己。只要能活得像自己，或許終有一天你能達成自己的使命。

因此，就算你沒有留下子嗣，或是有其他理由，我都希望你不要因此苛責自己。

你應該是最值得自己深愛的對象，所以，不要再把自己當成是有缺欠的人，不要把沒有小孩這件事視作人生的不完滿而深陷不安與寂寞，別再虐待你自己了。

在嘗到「無法留下子嗣的不安和寂寞」滋味的人之中，有些人得花上數年時間才能振作起來。畢竟這是一個重大的課題，我想這也是在所難免。

不必把這件事歸究於命運而死心，也不必心想著「我要改變命運」而反抗。不必假裝不在意，也不用心想「我一定得轉換心情」，強逼自己遺忘。我覺得唯一的作法是花時間去煩惱，仔細思索，努力從這件事上頭學到東西。

「要活得像自己，達成自己的使命，我該怎麼做呢？」

「只有我才辦得到，只有我才能催生出來的東西是什麼？」

「這場試練之所以降臨在我身上，究竟是想教導我什麼呢？」

或許你沒辦法想出所有的答案，但我覺得「這樣也沒關係」。因為，這正是自己還活著的證據。活著不是在尋找答案，而是要面對自己，一面思考一面累積每一天的經驗。

或許，這些問題根本就沒有答案。但我同樣覺得「這樣也沒關係」。因為就算找不到答案，也不代表自己是個糟糕的人。

關於人生這個命題，如果像回答猜謎節目的問題般迅速便答出正確答案，反倒比較奇怪。而且就算你得出答案，也沒有人能斷定那究竟是不是正確答案。

煩惱的自己，痛苦的自己，身而為人這是一件理所當然的事。不妨去愛這樣的自己如何呢？

不要輕易拋開那些重要的煩惱，
就想成是讓自己成長的養分吧。

給想實現夢想的你

大約在我年滿三十五歲的時候，我實現了一直以來的夢想。

但是，我心中並沒有「終於實現了！」的興奮。

感覺比較像「當回過神時，夢想竟實現了」，心情很平靜。

心裡也有一些感觸，「嗯，沒想到會以這樣的形式來實現我的夢想啊」。

但我之所以能說出這種話，是因為長久以來，我始終把夢想放在心裡。我毫不氣餒，就像每天洗澡、吃飯一樣，理所當然地持續擁抱夢想。

但平常的我並不是一心為了夢想而拚死努力。事實上，我並沒有做這種事。

我只是輕鬆地，但全心全意地，一直相信自己的夢想會實現。每天每日，不過度勉強自己，孜孜不倦地為了實現夢想而付出行動。

我只能說，這便是我實現夢想的方法。

夢想並不像聖誕禮物，有人會送上門給你。也不是突然從天而降的東西。不是公司、雙親或這個社會向你說聲「請收下」，就把夢想像獎品一般送給你。

夢想不會受景氣所影響，也不會因為機遇邂逅而改變。無論處在什麼樣的環境裡，我認為夢想都只能靠自己每天一點一點累積努力去實現。

「我的夢想可能不會實現了。」

「我這輩子或許無法得償所願了。」

「小時候嚮往的事情，我竟一件都無法實現，我就只能活得這麼平凡嗎？」

心中揣著「無法實現夢想的不安和寂寞」的人，大都是一心只想著未來的事情。也可以說他們總是專注在「總有一天」，以致怠忽了「今天」。

如果你真的想實現夢想，最快的捷徑便是竭盡所能地過好今天。與其一味嚮往未來，不如更加珍惜品味今日一天所得到的充實感和成就感。

就算碰上了痛苦的事，也不逃避現實，用心地過生活。不受過去牽絆，也不因未來而分心，重要的是要堅持過好今天。

只要竭盡全力地過好今天，明天自然會到來；如果明天也是全力以赴，後天自然會到來。經過這無數的反覆，你的夢想自然而然便會實現。

只要竭盡全力地過好今天，就算只有小小一步，你也確實在向前邁進。由於你始終毫不懈怠地踏出腳步，一點一點地朝夢想前進，自然而然的，你心中那些對明日的不安、對未來的恐懼，也會漸漸消去。

人生在世，哪天會發生什麼事誰也不知道，或許有人真是一夕便美夢成真。但我認為一夕成真的夢想也會突然就消失無蹤，迅速到手的東西也會輕易地便離開自己。這可能就像臨時抱佛腳所念完的功課，總是一考完就忘光。

從這一點來看，自己投資漫長時間、踏實完成的夢想，才算真正屬於自己。這道理就像花一年苦讀的學問，不會那麼容易便忘掉。

要實現夢想還有一個重要的關鍵，那就是相信「夢想絕對會實現」的力量。

如果一心認定夢想不可能實現，你便無法全力以赴地過好每一天。不必過度緊張，而是以輕鬆、輕盈的態度，相信「實現夢想沒有自己想的那麼難」、「夢想意外容易實現」。我覺得這種相信的力量很棒。

這些話雖是老生常談，但能夠實現夢想的人往往便是那些不忘記夢想、對自己的夢永不放棄的人。

我經常問別人「你的夢想是什麼」？但總有人回答「我不知道」、「我沒有夢想」、「我不知道該做什麼樣的夢」，每次聽見這類答案，我總是很吃驚。

因為我擁有許多夢想，要讓我說上一整晚都道不盡，雖然我已經實現了其中一、兩項，但我還有許許多多的夢想有待實現。

我覺得那些說自己沒有夢想的人似乎都是抱著「反正夢想不可能實現」的心態，因此放棄了尋夢。

「現在景氣這麼差，就算我有夢想，也沒有人能為我實現。」

如果想忘記這些絕望，有兩個方法。

一是了解到「只要你每一天的生活都全力以赴，夢想自然會實現」。

另一個方法是——把夢想寫在紙上。

會把夢想寫下來的人意外不多，但我一定會把自己的夢想寫下來。因為夢想有大有小，不記下來容易忘記。

要寫在記事本或紙張上都可以，總之，把自己的夢想寫下來，每天看幾遍。早上起床看一遍，白天也看一遍，睡前也看一遍。只要你一直看，那些夢想就會輸入潛意識裡，你自然而然就會採取與夢想有關的行動。

「光是把夢想寫下來，就會在無意識中激勵自己行動，有沒有把夢想寫下來，結果可是差很多喲。」

我有時會這麼建議別人，但卻很少有人實行，我覺得真的很可惜。

「我嚮往這樣的經驗。」

「我想變成那樣的人。」

就算只是籠統的計畫或小事情也沒關係，趕緊把你的夢想寫下來吧。然後，全力以赴地用心度過你的今天。

在記事本裡寫下你的夢想吧。

給對一切都感到不安的你

搞不好，這才是最難以對付的情況。

「不明所以的不安和寂寞。」

在本書裡我已經介紹過許多種類的不安和寂寞，但其中沒有比「模糊不定的不安」更不好處理的了。

覺得自己彷彿茫然置身在黑色的雲霧之中，卻又不知是出自什麼原因；不知道自己是為了什麼不安，又為何會感到寂寞、感到恐懼。

這個時候，我會選擇採取行動。因為光是用腦袋想，不安和寂寞的情緒並不會消除。因此煩惱到某個程度後，我就會思考「我該怎麼做」。就算只想得到很小的事，我也會去嘗試自己想出來的對應方法。

「這個方法可以消除你心中的不安和寂寞。」

只可惜，這方法並不是萬靈藥，但應該能稍微改善現狀。不要權量得失，只要行動，情況一定會有所改變；持續努力後，你將會有新發現。而那些新發現一定會對情況有所助益。我覺得全力以赴地過好每一天，便是指這個過程的反覆。**不安和寂寞無法完全消除，只要你抱持希望繼續奮鬥，挫折和失望也會如影隨形。然而，就如同沒有黎明不來的夜晚，一切都在周而復始。**無論面對什麼事情，只要秉持「我不是要解決這件事，只是想調整一下狀況」的心態，想必你便能不退怯地展開行動。

如果什麼都不做，任由自己繼續煩惱下去，你的心很可能會因此生病。

「我希望今後的生活能夠更積極，我究竟該怎麼做才好？」

有一次，我這麼請教一位我很尊敬的編輯前輩。

這位名編輯曾經過擔任數本人氣雜誌的總編輯，同時也是一位善於發掘他人優點、善於稱讚對方，讓對方也能看見自己優點的達人。

他總是比任何人都早一步注意到我的動靜，並送給我一些勉勵的話語。

在我開始替某本雜誌寫專欄的時候，收到他寫下讀後感的明信片，「你的文章很有趣，我非常期待」，他的動作甚至比我的責任編輯還快。

在我擔任《生活手帖》雜誌總編輯後所出刊的第一期雜誌發售日隔日，我收到了一張明信片：

「你在做的事非常了不起，今後也請好好努力。在這個雜誌變得乏味的時代，這本雜誌讓我感覺到極大的可能性。」

這位名編輯和我不是會私下約去吃飯的關係，我們之間並沒有親密的私交；而且對方是雜誌業界的重量級前輩，是我沒有資格親密往來的大人物。不過每當我感到不安，心中抱持著「對我所做的事，世人究竟是怎麼想的？」的疑問時，他總是那個第一個寫明信片給我的人。而且對象不只是我，他也給了許多人同樣的寶物。

商業書經常會建議讀者利用明信片寄送感想文或謝卡，一般人都把這視作一種社交禮儀，是年輕人建立人脈的有效作法。

但這位編輯已是出版界的大前輩，被大家公認為無出其右，想必早已人脈豐富，不再需要建立人脈了。儘管如此，這位名編輯如果聽到自己不懂的事，即便是面對年輕人，他也會坦言不知，表明「願聞其詳」，向對方討教。聽見有趣的回答，他也會開心地笑道「這可好玩了！」好奇心旺盛。

正因為他是這麼一位了不起的人物，我便嘗試向他討教，請教他是如何處理不安和寂寞，以及他積極面對生活的祕訣。

「首先，要忍耐。然後，要捨棄自尊。」

這是名編輯對我問題的答案。

所謂忍耐，就是指要接受別人的意見。對方在三十年的編輯生涯見過形形色色的人，可說是傾聽對方說話、聽取別人意見的專家。他對壓抑自己——也就是忍耐——的重要性，想必再清楚不過。忍耐，也代表選擇不逃避。站在總編輯這個位置工作，也就是處在率先遭受非難與批評聲浪的位置。那種時候如果做不到忍耐，這工作實在是幹不下去。

這位名編輯看著許多青年人一路成長，也看到他們之後的發展，他和我分享了一件事。他說：「聰明的人、品味好的人、努力的人、勤勉的人，靠著努力和才華可以達到某種程度的成功，但他們往往無法再更上一層樓。因為光靠努力和才能是不夠的。此時阻擋他們成長的便是自尊。」

無法捨棄自尊的人和無法忍耐的人，都無法獲得真正的成功。由此可見，忍耐和捨棄自尊有多麼重要。

聽到他這番話，我感到有些不解。我懂得「要忍耐」是什麼意思，但我認為「自尊」是支持自己的力量，應該是絕不能捨棄的東西。

我花了一段時間仔細思考對方的話，最後，總算是想通了——那是因為，自尊也有真正的自尊和冒牌的自尊之分。

真正的自尊能夠保護自己，但許多人一心認定是自尊的東西卻是冒牌的，冒牌的自尊並不能保護自己。誠如名編輯所言，冒牌自尊是應該捨棄，因為那也是「不明所以的不安和寂寞」之所以發生的原因之一。

冒牌自尊是種為了「保護自己、向人炫耀、打壓對方」而存在的鎧甲。雖然看似是以堅硬的金屬製成，但一碰就會粉碎，十分靠不住。

「你看我多厲害」，一下子誇示自己的能力；「我是這麼想的」，一下子把自己的看法強加在對方身上，總是要把自己比別人優秀的地方表現出來。但那些行為其實都是源自於自己內心的軟弱。冒牌自尊是由無法脫下鎧甲的不安和寂寞所孕生出來的，根本就靠不住。

如果能夠肯定自己，就算赤裸示人也沒關係。如果能夠肯定自己，既沒有必要誇示自己的力量，也沒有保護自己的必要，根本就不需要鎧甲。

我總算是理解了，「原來如此，冒牌自尊的確必須要捨棄」。

學會忍耐，捨棄冒牌的自尊，積極地度過每一天。

就算做到這些事，我們仍舊無法與「不明所以的不安和寂寞」徹底切斷緣分。每當我們忘記它的時候，它一定又會探出頭來，糾纏我們。

遇到這種時候，就把那些令你感到不安的事、令你覺得寂寞的事，以及自己為什麼會覺得受束縛的原因，全都寫在紙上吧。向別人傾吐也是一種作法，不過就如《安妮的日記》裡所寫的，「紙張比人類更有耐心」，不管你心中有多少話，紙張都願意傾聽。

你也要知道，如果只是抱著膝蓋等待某人伸出援手，期待對方治癒自己的不安和寂寞，那並不能解決任何問題。

英國作家喬治・艾略特（George Eliot）留給我們一句話：

"It will never rain roses: when we want to have more roses we must plant more trees."

（天空可不會下玫瑰雨。想要更多玫瑰花，我們就得栽下更多樹。）

不是只有你一個人心中懷抱著「不明所以的不安和寂寞」。

恐怕這世上大部分的人都和你一樣有顆軟弱的心，大家都各自揣著不安和寂寞。如果你能夠承認自己心中的不安和寂寞，並且擁抱它，珍愛它，你便能去愛其他同樣懷抱不安和寂寞的人。

我覺得，這也是緩解這世上所有的不安和寂寞的好方法。

希望別人怎麼待你，你就怎麼對待別人。
沒錯，就像去種下你的玫瑰樹。

本章總結課題

試著做一張自己從出生到現在的年表吧。
這個方法可以幫助你客觀地認識自己。
寫下發生過的人生大事，以及你當時的想法。
寫下別人做過什麼事令你很開心，
別人又做了什麼事令你覺得反感。
從舊到新，把這些事件從回憶裡一一挖掘出來吧。

剛開始的一小時，你可能只能想起兩、三件事。
就慢慢地花時間回想吧。就算只能想起片斷的回憶，
只要一一補上，打結的絲線便會漸漸解開，

往事又會浮現眼前。

記憶會進行對自己有利的「編輯作業」，
你就盡可能客觀地陳列事實吧。

認識真實的自己之後，你會發現自己的人生並非都是壞事。
當然，也不盡然全都是好事。
你就對經歷了一切好事、壞事一路走來的自己，
說一聲「今後也好好努力吧」，好好地疼愛自己吧。

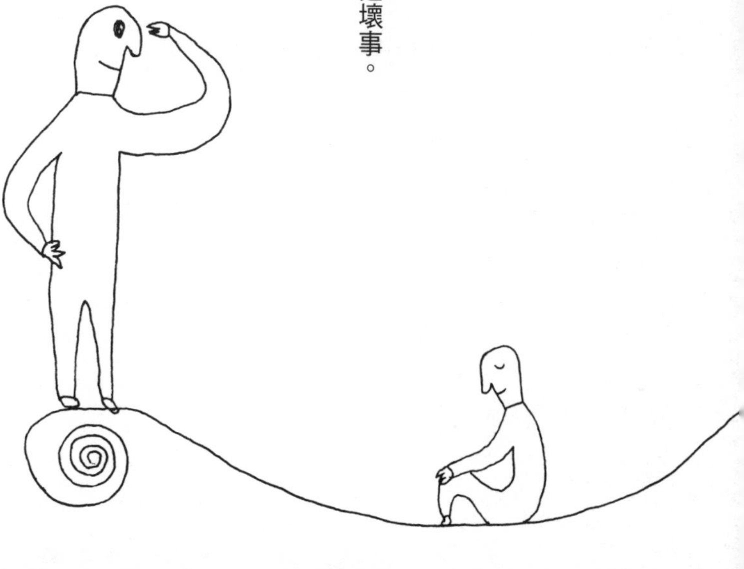

不能不去愛的兩件事（暢銷新版）

作　　者　松浦彌太郎
譯　　者　張富玲

責任編輯　林如峰
國際版權　吳玲緯
行　　銷　何維民　吳宇軒　陳欣岑
業　　務　李再星　陳紫晴　陳美燕　葉晉源
副總編輯　何維民
編輯總監　劉麗真
總 經 理　陳逸瑛
發 行 人　涂玉雲
出　　版　麥田出版
台北市中山區104民生東路二段141號5樓
電話：(02) 2500-7696　傳真：(02) 2500-1966　網站：http://www.ryefield.com.tw
發　　行　英屬蓋曼群島商家庭傳媒股份有限公司城邦分公司
台北市民生東路二段141號11樓
網址：http://www.cite.com.tw
客服專線：(02)2500-7718; 2500-7719
24小時傳真專線：(02)2500-1990; 2500-1991
服務時間：週一至週五09:30-12:00; 13:30-17:00
劃撥帳號：19863813　戶名：書虫股份有限公司
讀者服務信箱：service@readingclub.com.tw
香港發行所　城邦（香港）出版集團有限公司
香港灣仔駱克道193號東超商業中心1樓
電話：(852) 25086231　傳真：(852) 25789337　E-mail：hkcite@biznetvigator.com
馬新發行所　城邦（馬新）出版集團【Cite(M) Sdn. Bhd.(458372U)】
41, Jalan Radin Anum, Bandar Baru Sri Petaling, 57000 Kuala Lumpur, Malaysia.
電話：(603) 90563833　傳真：(603) 90562833　E-mail：cite@cite.com.my
封面設計　許晉維
印　　刷　中原造像股份有限公司
初　　版　2012年10月
二　　版　2017年11月
三　　版　2022年9月
定　　價　新台幣260元
I S B N　978-626-310-282-8
Printed in Taiwan

國家圖書館出版品預行編目資料

不能不去愛的兩件事／松浦彌太郎作；
張富玲譯. －三版. －臺北市；麥田出版；
英屬蓋曼群島商家庭傳媒股份有限公司
城邦分公司發行，2022.09
　面；　公分
譯自：愛さなくてはいけない ふたつのこと
ISBN 978-626-310-282-8(平裝)
1.CST: 修身 2.CST: 生活指導
192.1　　111010368